关注学生
公共安全教育系列丛书

学生意外伤害

防范知识读本

戴志强 编著

云南大学出版社

图书在版编目(CIP)数据

学生意外伤害防范知识读本 / 戴志强编著. --昆明：
云南大学出版社，2011

（关注学生公共安全教育系列丛书）

ISBN 978-7-5482-0670-5

Ⅰ．①学… Ⅱ．①戴… Ⅲ．①安全教育－中小学－课
外读物Ⅳ．①G634.203

中国版本图书馆CIP数据核字（2011）第230834号

关注学生公共安全教育系列丛书

学生意外伤害防范知识读本

编　　著：戴志强
责任编辑：李　红
封面设计：左巧艳
出版发行：云南大学出版社
印　　装：云南华达印务有限公司
开　　本：787mm×1092mm　　1/16
印　　张：13
字　　数：213千
版　　次：2012年12月第1版
印　　次：2012年12月第1次印刷
书　　号：ISBN 978-7-5482-0670-5
定　　价：24.00元

地　　址：云南省昆明市翠湖北路2号云南大学英华园内
邮　　编：650091
电　　话：0871-5031070　5033244
网　　址：http://www.ynup.com
E-mail：market@yunp.com

前言 》Preface

中小学生是祖国的未来、民族的希望，历来受到社会各界的广泛关注。然而，由于中小学生正处于人生的幼弱期，极易受到侵害，因此，尤其需要家庭、学校和社会特别加以保护。

据统计，中小学生每年的意外伤害发生率高达50%左右。也就是说，在一年的时间里，每两个中小学生中就有一人遭遇过伤害事故。意外伤害虽然是一种突然发生的事件，但它也有其发生的内在规律和外部原因。通过采取适当的措施，中小学生的意外伤害事故是可以有效地预防和控制的。胡锦涛总书记和温家宝总理等中央领导同志对中小学生的安全问题高度重视，多次作出重要的指示，要求切实加强中小学生的安全防范工作，保障中小学生的生命安全。

中小学生意外伤害事故的安全防范是一项重要的社会系统工程，它涉及饮食、住宿、交通、消防、保险等社会生活的各个方面，因而需要家庭、学校和社会的广泛参与和支持。中小学生在日常学习和生活中也要注意提高自己的安全防护意识，学习和掌握在突发安全事件的紧急状况下脱离危险的防身技巧。上述这些，正是当今家长、学校和社会都应该引起高度重视的，并对中小学生进行教育指导的现实问题。

为了让更多的中小学生及家长、老师了解与中小学生意外伤害有关的知识，我们以《中小学公共安全教育指导纲要》为指导，以《未成年保护法》、《义务教育法》、《学生意外伤害事故处理办法》等相关法律法规为依据，并结合日常生活中随处可见的案例，编写了这本《学生意外伤害防范知识读本》。该书集中探讨了中小学生在日常学习和生活中常见的意外伤害事故，并对意外伤害事故的预防和事后处理作了详细的讲解，因而对广大的中小学生和老师、家长具有很强的指导意义。希望广大读者通过本书可以了解和掌握中小学生意外伤害的防范知识，确保中小学生的健康成长。

由于编者的能力和水平有限，再加上时间仓促，所以在编写的过程中难免会有错误，希望广大读者批评指正。

编　者
2011年12月

目 录 》Contents

第二章　　常见校园意外伤害事故及其防范

第三章　交通安全常识及其防范

第四章　　消防安全知识及其防范

第五章　意外伤害事故的保险理赔

第一章　各种危险标志的识别

　　中小学生在日常生活中会遇到很多有提示或警告作用的标志，这就要求中小学生要能够识别这些标志，并提高自己的警惕意识，否则，一旦发生意外伤害事故，不仅会给自己的生命安全造成威胁，而且还会给家庭、周围人带来不幸和痛苦，并可能造成巨大的经济损失。对此，一定要引起足够的重视。

　　每天与中小学生生活密切相关的就是交通标志。中小学生在上下学的路上，在与父母外出探亲、旅游的途中，都不免要和道路打交道。有道路就会有交通标志。道路交通标志可以分为主标志和辅助标志，其中，主标志又可分为警告标志、禁令标志、指示标志和指路标志。未成年学生对于此类标志，尤其是一些常见的交通标志，一定要能够识别，并且要严格按照道路交通标志规范自己的行为，以免发生意外，酿成悲剧。

一、道路交通标志

    道路交通标志是用图形符号和文字传递特定信息，用以管理交通、指示行车方向以保证道路畅通与行车安全的设施。其适用于公路、城市道路以及一切专用公路，具有法定的性质，车辆、行人都必须遵守。

    道路交通标志分为主标志和辅助标志两大类。主标志中有警告标志、禁令标志、指示标志和指路标志四种。其中，警告标志是警告车辆、行人注意危险地点的标志，其设置的位置与公路的路况及行车时速有关，在农村山区公路，一般应设在距离危险地点20～50米的地方；禁令标志是禁止或限制车辆、行人交通行为的标志，其一般设置在需要限制或禁止的地方，除禁止停车标志外均应成对设置在限制或禁止路段的起、终点和桥梁的两端；指示标志是指示车辆、行人行进的标志，其多用于城市道路和高等级公路，一般公路使用较少；指路标志是传递道路方向、地点、距离信息的标志，一般公路上常用的有地名、分界、指向等标志和里程碑、百米桩、公路界碑等。地名标志设在城镇的边缘处；分界标志设在行政区划、管养路段的分界处；指向标志设在距离岔路口30～50米处。需要注意的是，所有的交通标志应做到位置适当、准确、完整、醒目和美观。

1.道路交通警告标志有哪些？

第一章

安全博士讲堂

十字交叉标志:

除了基本形十字路口外，还有部分变异的十字路口，如五路交叉路口、变形十字路口、变形五路交叉路口等。五路以上的路口均按十字路口对待。

T形交叉标志:

丁字形标志原则上设在与交叉口形状相符的道路上。左图所示为右侧丁字路口，此标志一般设在进入丁字路口以前的适当位置。

T形交叉标志:

丁字形标志原则上设在与交叉口形状相符的道路上。左图所示为左侧丁字路口，此标志一般设在进入丁字路口以前的适当位置。

T形交叉标志:

丁字形标志原则上设在与交叉口形状相符的道路上。此标志一般设在进入丁字路口以前的适当位置。

环形交叉标志:

有的环形交叉路口，由于受线形限制或障碍物阻挡，此标志一般设在面对来车的路口的正面。

向左急转弯标志:

向左急弯路标志一般设在左急转弯的道路前方的适当位置。

向右急转弯标志:

向右急弯路标志一般设在右急转弯的道路前方的适当位置。

反向转路标志:

此标志一般设在接近两个相邻的方向相反的弯路前方的适当位置。

连续转弯标志:

此标志一般设在接近连续三个以上弯路的道路前方的适当位置。

上坡路标志:

此标志一般设在纵坡度在7%和市区纵坡度大于4%的陡坡道路前方的适当位置。

下坡路标志:

此标志一般设在纵坡度在7%和市区纵坡度大于4%的陡坡道路前方的适当位置。

窄桥标志:

此标志设在桥面宽度小于路面宽度的窄桥之前的适当位置。驾车或骑车时看到此标志时,一定要倍加小心。

注意行人标志:

注意行人标志一般设在郊外道路上画有人行横道的前方。城市道路上因人行横道线较多,可根据实际需要设置此标志。

注意儿童标志:

注意儿童标志一般设在小学、幼儿园、少年宫、儿童游乐场等儿童频繁出入的场所或通道处。

注意牲畜标志:

注意牲畜标志设在经常有牲畜活动的路段,特别是视线不良的路段以前的适当位置。

注意信号灯标志:

此标志设在不易看见的、有信号灯控制的路口前方的适当位置。

注意落石标志:

此标志设在左侧有落石危险的傍山路段之前的适当位置。

注意落石标志:

此标志设在右侧有落石危险的傍山路段之前的适当位置。

易滑标志:

此标志设在公路路面的摩擦系数不能满足相应行驶速度情况下紧急刹车应有距离要求的路段前适当位置。行驶至此路段必须减速慢行。

隧道标志:

隧道标志设在进入隧道前方的适当位置。

无人看守铁道口标志:

无人看守铁道口标志设在道口前方的适当位置。

事故易发路段标志:

事故易发路段标志设在交通事故易发路段前的适当位置。在行至此路段时,一定要倍加小心,以防发生意外事故。

慢行标志:

慢行标志设在前方需要减速慢行的路段前的适当位置。

左右绕行标志:

此标志表示路段有障碍物需向左或向右侧绕行,一般放置在路段前的适当位置。

左侧绕行标志:

左侧绕行标志表示此路段有障碍物需向左侧绕行,一般放置在路段前的适当位置。

右侧绕行标志:

右侧绕行标志表示此路段有障碍物需向右侧绕行,一般放置在路段前的适当位置。

注意危险标志：

注意危险标志设在以上标志不能包括的其他危险路段前的适当位置。标识上大大的感叹号对人们是一个警示，它告诉人们附近可能存在危险，小朋友一定要尽快远离有这种标识的地方。

斜杠符号标志：

此标志表示距无人看守铁路道口的距离为50米。

斜杠符号标志：

此标志表示距无人看守铁路道口的距离为100米。

斜杠符号标志：

此标志表示距无人看守铁路道口的距离为150米。

叉形符号标志：

此标志表示多股铁道与道路交叉，一般设在无人看守的铁路道口。

2.道路交通禁令标志有哪些?

安全博士讲堂

禁止通行标志:

禁止通行标志表示禁止一切车辆和行人通行,其一般设在禁止通行的道路入口处。

禁止进入标志:

禁止进入标志表示禁止车辆驶入,其一般设在禁止驶入的路段入口处。

禁止机动车通行标志:

禁止机动车通行标志表示禁止机动车通行,其一般设在禁止机动车通行的路段入口处。

禁止载货汽车通行标志:

禁止载货汽车通行标志表示禁止载货机动车通行,其一般设在载货机动车通行的路段入口处。

禁止大客车通行标志:

禁止大客车通行标志表示禁止大型客车通行,其一般设在禁止大型客车通行的路段入口处。

禁止三轮车通行标志:

禁止三轮车通行标志表示禁止三轮机动车通行,其一般设在禁止三轮机动车通行的路段入口处。

禁止摩托车通行标志：

禁止摩托车通行标志表示禁止两轮摩托车通行，其一般设在禁止两轮摩托车通行的路段入口处。

禁止行人通行标志：

禁止行人通行标志表示禁止行人通行，其一般设在禁止行人通行的路段入口处，以及高速公路、铁路、飞机道、某些专用道路等。

禁止拖拉机通行标志：

禁止拖拉机通行标志表示禁止拖拉机通行，其一般设在禁止拖拉机通行的路段入口处。

禁止非机动车通行标志：

禁止非机动车通行标志表示禁止非机动车通行，其一般设在禁止非机动车通行的路段入口处。

禁止人力车通行标志：

禁止人力车通行标志表示禁止人力车通行，其一般设在禁止人力车通行的路段入口处。

禁止直行标志：

禁止直行标志表示前方路口禁止一切车辆直行，其一般设在禁止直行的路口前适当位置。

禁止向左转弯标志：

禁止向左转弯标志表示前方路口禁止一切车辆向左转弯，其一般设在禁止向左转弯的路口前适当位置。

禁止向右转弯标志：

禁止向右转弯标志表示前方路口禁止一切车辆向右转弯，其一般设在禁止向右转弯的路口前适当位置。

禁止向左向右转弯标志：

禁止向左向右转弯标志表示前方路口禁止一切车辆向左或向右转弯，其一般设在禁止向左向右转弯的路口前适当位置。

禁止掉头标志：

禁止掉头标志表示前方路口禁止一切车辆掉头，其一般设在禁止掉头的路口前适当位置。

禁止超车标志：

禁止超车标志表示该标志至前方解除禁止超车标志的路段内，不准机动车超车，此标志一般设在禁止超车的起点。

禁止停车标志：

禁止停车标志表示此处禁止停车，一般设在禁止车辆停放的地方。其中，禁止车辆停放的时间、车种和范围可用辅助标志说明。

禁止鸣喇叭标志：

禁止鸣喇叭标志表示此处禁止鸣喇叭，其一般设在需要禁止鸣喇叭的地方。禁止鸣喇叭的时间和范围可用辅助标志说明。

减速让行标志：

减速让行标志表示车辆应减速让行，见此标志车辆驾驶员必须慢行或停车，观察干道行车情况，在确保干道车辆优先的前提下，认为安全时方可续行。此标志一般设在视线良好的交叉道路的次要路口。

会车让行标志：

会车让行标志表示车辆会车时，必须停车让对方车先行。此标志一般设在会车有困难的狭窄路段的一端，或由于某种原因只能开放一条车道作双向通行的路段的一端。

二、常见危险化学物品标识

安全博士讲堂

国家技术监督局于1993年7月1日实施的《常用危险化学品的分类及标志》（GB13690-92）规定了常用危险化学品的分类、危险标志及危险特性。常用危险化学品按危险特性分为八类：爆炸品；压缩气体和液化气体；易燃液体；易燃固体、自燃物品和遇湿易燃物品；氧化剂和有机过氧化物；有毒物品；放射性物品；腐蚀品。该标准同时还规定了常见危险化学物品的标识。具体而言，常见的危险化学物品及其标志有以下几类：

易燃警示标志：

易燃警示标志一般设置在易发生火灾的危险区域，如可燃性物质的生产、储存、使用等地点。在临近易燃品或进入易燃、可燃物品库区不准吸烟、用火，严禁燃放烟花爆竹。

未成年学生在看到易燃警示标志时，注意千万不要用火。在看到其他同学或朋友有用火或吸烟行为的，要及时加以劝阻，以免引起火灾。

易爆警示标志：

易爆警示标志表明该区域存在易爆品，有可能发生具有破坏性的爆炸，如火药、炸药、烟花爆竹等，这些物品在外界作用下（如受热、受压、撞击等），会发生剧烈的化学反应，瞬间产生巨大的气体和热量，使周围压力急剧上升，发生爆炸。这些场合包括易燃易爆物品的生产、储存、使用或受压容器等地点。

未成年学生在设置易爆警示标志的区域应注意防火，以免发生爆炸，造成巨大的人身和财产损失。

剧毒警示标志：

剧毒警示标志表明该物质具有毒性，当此类物质进入机体，长时间累积到一定的量之后，就会扰乱或者破坏机体正常的生理机能，引起某些器官或系统暂时性或者永久性的病理改变，甚至危及生命。

未成年学生应尽量避免接触此类贴有剧毒警示标志的物品，如果学习中确实需要接触的，应在老师或相关工作人员的指导下进行，并采取相关的防护措施。千万不要在没有任何防护措施的情况下接触此类危险物品。

放射警示标志：

放射警示标志表明此处可能存在电离辐射危险，告诫人们要远离，以免发生不安全事件或事故。此标识也会出现在放射性物质的外包装上、射线装置上以及存在电离辐射的工作场所。

放射性物质对人体具有很大的危害性。未成年学生在看到放射警示标志时，切记要尽快远离该区域，以免发生意外。

腐蚀品警示标志：

腐蚀品是指能灼伤人体组织并对金属等化学品造成损坏的固体或液体。腐蚀品按照化学性质的不同可分为酸性腐蚀品、碱性腐蚀品与其他腐蚀品。皮肤接触腐蚀品可在4小时内出现坏死现象。因此，腐蚀品对人的危害是巨大的。未成年学生在做实验时，切记要谨慎进行，以免腐蚀品泄漏或者将盛有腐蚀品的容器打翻，接触到身体。

生物安全警示标志：

生物安全警示标志表明该区域或该物品中的生物物质（致病微生物、细菌等）对人类及环境会有危害。如运输未经处理的感染性废料的容器、装有危险生物物品的容器，危险废弃物的容器、存放血液和其他有潜在传染性的物品及进行危险生物物质操作的二级以上生物防护安全实验室的入口处都贴有此标识，因为这些物品可能通过直接传染或者破坏周围环境的方式间接危害人、动物、植物的正常发育，因此要尽量远离这些物品和地点。

三、其他常见的危险标识

安全博士讲堂

危险标识除了交通标识、危险化学物品标识外，还有很多。具体而言，中小学生在日常学习和生活中时常遇到的危险标识还有以下一些：

禁止吸烟

禁止吸烟的标志：

禁止吸烟的标志通常适用于火灾危险性大的地方，如加油站；重要的场所，如古建筑群；物资集中，发生火灾损失大的地方，如仓库；人员集中，发生火灾伤亡大的场所，如商场、医院等。

未成年学生在商场购物或者外出旅游的过程中，如有见到禁止吸烟的标志，一定不要吸烟，如发现身边有人吸烟，要上前加以劝阻；经劝诫仍不将烟熄灭的，可以告知商场或者其他场所的管理人员加以制止，以免发生火灾，造成不可挽回的损失。

止步高压危险

高压警示标志：

高压危险警示标志表明该区域存在未绝缘的高压电危险，应远离以免触电。此类区域如高压试验区、高压线、输变电设备的附近，是不许靠近的危险区域，应当立即远离。未成年学生切记不要攀登电力企业的压力容器、焊接设备、电梯和消防设备等。

第一章

禁止攀登的标志：

禁止攀登的标志常见于一些电力设备或者一些未经开发的山脚下。未成年学生在看到类似"高压危险，禁止攀登"的标志时，切记不要攀登，以免触电身亡；在爬山时，也要选择已经开发好、安全有保障的山，不能只求冒险和刺激而置自己的生命安全于不顾。

禁止停留的标志：

禁止停留的标志是用于表示禁止人员停留的图形标志。其使用范围包括工厂、办公室、商场（店）、影剧院、娱乐厅、体育馆、医院、饭店、旅馆、网吧等在公共场所及部分相关场所。未成年学生在看到禁止停留的标志时，应迅速通过，并保持场所的安静。

禁止触摸的标志：

有些情况下为"请勿触摸标志"，这种标志是表明附近的物品，可能是易碎、易坏物品，或是会对人体造成伤害的物品。未成年学生在看到禁止触摸的标志时，切记不要触摸，以免引起设备故障或者引发危险。

禁止游泳的标志：

禁止游泳的标志常出现在水库、湖泊等场所，其目的在于禁止人们在标有这个标志的地方游泳。未成年学生为了自己的生命安全，切记不要在设有"禁止游泳"、"水深危险"等禁止标志区域内游泳玩水。

道路施工标志：

道路施工标志，用以告示前方道路正在施工，车辆应减速慢行或改道行驶。其一般常设于施工路段附近。

未成年学生在看到施工标志时，应谨慎通过施工路段，或者听从工作人员指挥选择绕行，以确保自身的安全。

当心滑跌标志：

下雨、下雪天，路面很滑，在许多公共场所或洗手间内会设置这个标志，提醒人们注意防滑，小心跌倒。未成年学生由于年龄尚幼，尤其要注意脚下安全。遇到雨雪天出行时，最好有父母相伴，不要单独行动。

四、正确使用和拨打 急救电话

1.遇到什么情况拨打110电话？

安全博士讲堂

"110"系专用报警电话号码，遇有歹徒拦劫、被绑架、流氓强暴、行凶杀人等特殊情况时，可迅速拨打110电话，寻求警方的紧急救援。110电话台有公安干警昼夜值班，接到电话后，会立即通知警察及时赶赴案发地点，采取必要的行动制止犯罪或其他危险发生，因而110报警台也被誉为人民群众的"保护台"。

在拨打110电话时，要保持冷静，不要慌张，最好用普通话向值班民警说明发生了什么案件，以及案发的时间、地点、情况等。

需要注意的是，不能轻易拨打110电话，一般非紧急的情况，可以采取其他适当的方法处理，用不着拨打110电话。如果视拨打110电话为儿戏，随意拨打，不仅会扰乱公安部门的正常工作秩序，还会由于谎报"军情"，受到相应的处罚。

2.遇到什么情况拨打119电话？

安全博士讲堂

　　"119"系救灾救助电话号码，在发生或发现火灾后可随时拨打"119"电话。此外，公安消防队除保证完成火灾扑救工作外，还参加其他灾害或者事故的抢险救援工作，具体包括：各种化学危险物品泄漏事故的处置；水灾、风灾、地震等重大自然灾害的抢险救灾；空难及重大交通事故的抢险救援；建筑物、构筑物倒塌事故的抢险救援；恐怖袭击和破坏等突发性事件的应急救援；有关单位和群众遇险求助时的救援救助等。与此同时，对于不属于急、难、险情的社会求助，119调度指挥中心会在保证火灾和抢险救援出动的情况下，视情况决定是否派出警力。

　　拨打119电话时，一是要沉着，不要惊慌；二是要讲清楚起火单位、地址、燃烧对象、火势情况，并将报警人的姓名、所用的电话号码告诉消防队，以便联系。报警后，最好本人或派人到通往火场的交通路口、厂门口或街道巷口接应消防车；三是一旦发现险情后要早报警，为消防队灭火争取时间，减少损失。

　　公民不能谎报火警，因为消防队接到假火警后，执勤中队会立即出动，从而减少备战力量，影响消防队的正常执勤秩序，如果这时真的发生火灾，本来就不充足的灭火力量就会更缺乏，以致造成火势蔓延，给国家和人民生命财产安全造成更大的损失。另外，消防车鸣警报出现在假火场，会引起人们心理恐慌，产生混乱，影响人们正常的生产、生活、工作秩序和社会秩序。

　　中小学生为了保护好个人的生命、财产安全，除了每天学习消防安全知识外，更要将"消防安全"的意识扎进自己的思想当中，真正做到"防患于未然"。

3.遇到什么情况拨打120电话？

安全博士讲堂

"120"系急救电话号码，负责处理公民日常急救和大型突发事件、事故的紧急救援。公民遇有危及生命的疾病、创伤、中毒急需抢救时，可拨打"120"急救电话以得到及时救治。如果是一般疾病，如感冒、腹泻等，只需自行上医院解决，不必拨打"120"。

有病人需要紧急救治时，在任何电话上均可免费拨打"120"，电话拨通后，说话要精练、准确，并主要讲清以下几点：求助者的姓名、性别、年龄；求助者目前危急状况；求助者所在地的详细位置、求救者的联系电话以及等待救护车的确切地址，最好选择有醒目标志的地方；意外灾害事故、突发事件造成成批伤员时，还要说明灾害性质，如中毒、车祸、溺水、触电等，以及受伤的人数、候车地点、呼救人的姓名和身份。

此外，在等救护车到达的过程中，家属要做好以下工作：抓紧时间准备去医院必需的用品，如病历卡、医保卡、现金和衣物等；要不断观察患者的病情，照顾患者、安抚患者；为了能在救护中更快搬运患者，要搬掉过道上妨碍搬运病人的各种物品；最好家人中有人到小区大门口或事故现场等车，以便引导救护车工作人员尽快到达现场。此外，如果病人周围有人学过急救知识，最好进行自救、互救，如心脏骤停病人，立即进行心肺复苏抢救，以挽回患者的生命。

扩展阅读

"红灯停，绿灯行，黄灯亮了等一等"，这是过路口的一般常识，大家都懂。可是有一天，四年级的学生小华到文化公园玩，路上却遇到了麻烦。原来前方路上有块写有"施工危险，禁止进入"的牌子挡住了去路。小华没多想，一直往前走。结果他越过牌子没走多远，便扑通一声栽倒在地上。这是怎么一回事呢？原来小华不认识这两个危险标志，为此他也扭伤了脚。

就在当日，10岁的小虎和13岁的表姐婷婷在该公园游玩，因天气炎热，当他们走到公园内一个蓄水池旁时，小虎说要下去凉快凉快，一会儿就上来。虽然该蓄水池旁边设有明显的"禁止游泳"标志，但是由于小虎和婷婷都不会识别，结果两个人就下水了。由于蓄水池水较深，两个人又都不会游泳，一会儿他们就溺水了。就这样，两个鲜活的生命双双消失了。于是我们想，如果老师和家长在之前能对他们加强安全教育，他们能够识别这些危险标志，那么这个悲剧就有可能不会发生了。这则事故带给我们的是多么惨痛的教训啊！

安全一直以来都是一个很重要的问题，我们不仅要把这句话挂在嘴边，还要把它深深地记在心上，把安全放在首位，及早学习识别危险标志，让事故发生的可能性变得越来越少。让我们在安全的呵护下快乐、健康地成长，建设自己美丽的家园！

问题

文中提到的危险标志你还有哪些不能够识别？除了以上危险标志，你还知道哪些危险标志？

第二章　常见校园意外伤害事故及其防范

　　学生的安全涉及千家万户，事关社会的稳定与和谐。由于学生的大部分时间都在学校中度过，因此，在保障学生安全的诸多环节中，学校无疑扮演着举足轻重的角色。然而，近几年来，校园意外伤害事故却时有发生，这给学生的安全带来了极大的威胁。

　　校园意外伤害事故是指在学校进行的教育教学活动或组织的校外活动中，以及学校负有管理责任的校舍、场地、其他教学设施，生活设施内发生的，造成在校学生人身损害后果的事故。当前学校学生意外伤害事故频频发生，这不仅给学生和家长带来极大的伤害和痛苦，而且直接影响学校正常的教学秩序和管理秩序，给学校造成了不必要的经济损失，给学校带来的负面影响也是巨大的。因此，建立健全校园意外伤害事故预防机制，对于防患于未然，将事故发生的可能性降到最低限度，具有重要的意义。这也是有效保障学生健康成长和合法权益的切实举措。

一、校园住宿安全

1.学校住宿设施应当符合什么要求?

安全故事会

　　小羽是某寄宿制中学初二年级的学生。一天晚上,小羽在睡梦中不慎从宿舍双层床的上铺跌下受重伤,同学发现后,将其送往医院抢救治疗,被诊断为右腿骨折。此后,经司法鉴定所鉴定,小羽的伤残程度为10级。出院后,小羽的家长以学校未尽到安全管理义务等理由将学校告上法庭。

安全博士讲堂

　　学校对住宿学生有义务提供必要的住宿设施,并且应当确保这些设施是足够安全的。根据《学生伤害事故处理办法》第九条的相关规定,因学校提供给学生使用的生活设施、设备不符合国家规定的标准造成学生伤害事故的,学校应当依法承担相应的责任。以上案例中,小羽作为限制行为能力人,其在学校住宿时,学校应当排除各种不安全因素。学校提供的双层床上铺尽管安装了护栏,履行了一定程度的保护义务,但因护栏高度不足,很难防止学生睡觉时从床上摔下,存在明显的安全隐患,故依法应承担相应的责任。

　　另外,由于住宿设施不完善、不安全而引发事故后,学校宿舍、公寓管理人员首先应立刻采取急救措施,必要时将受伤学生送往医院,或拨打120急救。同时,应将事故情况及时向学校公寓管理部门汇报,提请学校更换或改进相关设施。另外，学校有关负责人也应派专人安抚学生的情绪，提醒学生在设施更换或改进之前注意自身的安全。

小贴士

学生若发现学校提供的必要住宿设施具有不安全因素，应及时向学校反映，要求改进或更换。在要求被重视或还没有得到解决期间，除了要坚持争取自己的正当权益外，还应尽可能采取一些有效措施，确保人身安全。

相关链接

《学生伤害事故处理办法》第九条

2.如何预防学生在宿舍内煤气中毒？

安全故事会

某县中学为一所九年一贯制学校，冬季采用炭炉取暖。某日凌晨，该中学一女生宿舍发生煤气中毒事件，最终造成了10名女学生抢救无效死亡，另两名学生经全力抢救脱离了生命危险的严重后果。据调查，该事件发生的原因是使用炭炉取暖不慎造成一氧化碳中毒。

安全博士讲堂

随着社会经济的发展，现在很多中小学幼儿园已经实现了集体供暖，但是，仍然有为数不少的学校，尤其是边远贫困地区的学校没办法给学生提供暖气，只能采用炭炉取暖。而采用炭炉等方式取暖，就一定要预防煤气中毒事件的发生。

煤气中毒即一氧化碳中毒，是由于人体吸入高浓度的一氧化碳气体而导致中毒、缺氧引起的神经系统严重受损的疾患。

轻度煤气中毒者表现为头痛、眩晕、心悸、恶心、呕吐、四肢无力，甚至会出现短暂的昏厥，一般神志尚清醒，脱离中毒环境、吸入新鲜空气后症状会迅速消失，也不会留下后遗症。中度煤气中毒者除以上症状加重外，可出现虚脱或昏迷。皮肤和黏膜呈现煤气中毒特有的樱桃红色。如抢救及时，可迅速清醒，数天内完全恢复，一般不留后遗症。重度煤气中毒者呈现深度昏迷，各种反射消失，四肢厥冷，血压下降，呼吸急促，会很快死亡。即使没有死亡，而昏迷时间越长，后果越严重，常留有痴呆、记忆力和理解力减退、肢体瘫痪等后遗症。

出现煤气中毒事故，学校应立即组织专人展开急救行动，尽全力抢救中毒学生。同时封存事故现场，排查事故发生的原因，采取有效措施，做好善后处理工作。

小贴士

发现有同学煤气中毒时，应立即使其脱离事故现场，开窗换气，将其平放卧床，保暖。轻度患者即可恢复。重度患者必须立即送往医院进行治疗。对于呼吸及心跳停止者，则应立即进行人工呼吸及胸外心脏按摩，尽力抢救。同时，学生在日常生活中应注意积累安全生活常识，注意保持室内空气的流通，避免中毒事件的发生。

相关链接

《学生伤害事故处理办法》第十五条、第十六条

3.如何保障学生宿舍的隐私安全?

安全故事会

　　学生小雨是太原市某中学的一名女学生。由于学校距离家比较远，所以小雨选择了在学校住宿。

　　一日，小雨收到一封匿名信。打开信封以后，小雨大吃一惊，里面有五六张她在宿舍的生活照，都是趁小雨换衣服时偷拍的暴露照片。信中附有一张打印的纸条，上面写道："请你在明天晚上8点之前向指定的银行账户内打进1000元钱，之后我们会将照片的所有资料全部给你。否则，我们将在学校内部网和其他互联网上公布这些照片。"纸条后面留有一个银行账号和手机号码。

　　小雨立即向当地警方报了案。经侦查，当地警方将犯罪嫌疑人刘某抓捕归案，当场缴获了带照相功能的手机、电脑、彩色打印机和红外线遥控针孔式摄像头，还有刚打印出来的诸多学生裸露照片。民警顺藤摸瓜，将同案的刘某女友张某抓获。

安全博士讲堂

　　随着现代社会科技的进步，手机、电脑、数码相机等高科技产品的功

能越来越多样化，隐私权的侵犯已经成为一个越来越严重的问题。随之而来，学生寝室也不再是绝对安全的隐私空间。学校应当重视对学生宿舍的管理，并加强对学生的安全教育，保障学生宿舍的隐私安全。

首先，学校应加强对学生宿舍的安全管理，对出入学生宿舍的人员实行登记制度，禁止闲杂人等进入学生宿舍，保障学生的宿舍生活自由而安全。同时，学校应加强对住宿学生的安全教育，增强学生保护自己隐私权的意识，规范学生的住宿行为。《中华人民共和国义务教育法》第二十四条第一款规定："学校应当建立、健全安全制度和应急机制，对学生进行安全教育，加强管理，及时消除隐患，预防发生事故。"

其次，一旦发生学生隐私权被侵犯甚至被勒索之时，学校及老师应注意安抚学生的情绪，防止学生因一时冲动而做傻事；要积极保护学生的隐私权不再泄露，避免对受害学生的第二次伤害；同时，要积极提供线索，协助警方调查，及早破案。

作为受害学生本身，当收到勒索信件、短信时千万不要惊慌，要及时报告负责的老师，并请求公安机关的帮助，早日将不法之徒绳之以法。

小贴士

学生在宿舍内应注意保护自己的隐私安全。比如：换衣服时一定要关好门、拉好窗帘；在宿舍内也不要穿得过于暴露；在进洗漱间进行洗漱时，也要注意保护好自己；不带陌生人回自己的宿舍。如果在宿舍内发现可疑人员，或者感觉有人跟踪、偷窥自己，要向公寓管理人员及学校保卫人员报告，并在日常生活中注意自己的隐私安全。

相关链接

《中华人民共和国义务教育法》第二十四条

4.定期对学生宿舍进行 安全卫生检查有何重要性？

安全故事会

　　安徽省某中学是一所寄宿制学校，按照学校的规定，学校公寓管理部门每个月月底都要对学生宿舍的安全卫生集中检查一次。检查内容包括：宿舍卫生状况；是否有明火；是否存在私拉乱接电线、电源插头较多、私自违规使用电器等安全隐患；是否存在养宠物以及其他危害学生人身和财产安全的问题等。

　　经过检查发现，大部分学生宿舍的安全卫生情况良好，宿舍干净、整洁，不存在危害学生人身和财产安全的问题。但在检查的过程中，也发现了一些违反学校宿舍安全管理规定的行为。学校对违规行为进行了及时纠正和处理。同学们也积极配合学校的检查工作，并纷纷表示将自觉对出现的问题进行改正。

安全博士讲堂

　　学生宿舍是学生学习、生活的重要场所，学生宿舍安全卫生是校园安全稳定的重要组成部分。学校公寓管理部门对学生宿舍进行安全卫生定期检查是十分必要的。

　　首先，定期对学生宿舍进行安全卫生检查，可以督促学生及时打扫宿舍，保持宿舍环境卫生，从而预防传染性疾病的发生，确保学生有一个健康、安全、卫生的宿舍生活环境。对此，《学校卫生工作条例》第八条就作了相关规定。

其次，定期对学生宿舍进行安全卫生检查，可以及时发现学生的不良住宿行为，比如违规使用电器等，并进而解决问题，消除隐患，避免学生不安全事件的发生。

再次，定期对学生宿舍进行安全卫生检查，可以增强住宿学生的安全隐患意识，增强学生对建设和谐平安宿舍的重要性和必要性的认识。

最后，需要注意的是，在学校公寓管理部门对学生宿舍进行安全卫生大检查的初始阶段，有些学生，尤其是一些年纪比较小，还没有形成良好卫生习惯的学生对此可能会有一些抵触情绪，这是可以理解的。学校对该类学生应进行耐心的开导和教育。此外，学校可以把对学生宿舍进行安全卫生检查的情况进行公示和评比，以督促学生积极维护宿舍的干净卫生和安全。

小贴士

学生应保持宿舍地面的整洁、干净和室内空气清新，宿舍垃圾要及时清理，物品摆放要整齐有序；不得在宿舍内使用热得快、电热毯、电吹风等大功率电器，不准在宿舍内私接电线；注意防火，安全用水用电；同时要有安全防范意识，宿舍无人时记得要关门；遵守学校宿舍管理规定，不带陌生人出入宿舍；不带危险物品、化学物品、易燃易爆物品及凶器进入宿舍。

相关链接

《学校卫生工作条例》第八条

5.如何确保学生宿舍雷雨天的安全?

安全故事会

　　某日凌晨3时许，在狂风暴雨和电闪雷鸣中，山西省某县一小学的一间宿舍的房顶突然部分倒塌，当天值班的老师听到"轰"的响声后，赶忙跑出来，发现一间砖木结构、瓦片做顶的平房房顶塌了一部分，宿舍里当时住着的32个男生，全部被塌下的屋顶埋在了下面。于是这位老师赶忙叫醒其他人，展开抢救工作，并立即向上级汇报了情况。

　　闻讯后，该县政府领导赶到现场组织抢救。抢救人员将明显受伤和自感受伤的学生送到医院进行抢救，其中一些学生还被送到了该县所在市的市人民医院作进一步检查。

　　最终，事故造成了一名男生死亡，另有12名男生受到不同程度伤害和惊吓。

安全博士讲堂

　　学校应做好学生宿舍雷雨天的安全工作，确保学生宿舍在雷雨天的安全。

　　首先，学校应定期对学生宿舍进行检修，发现存在安全隐患的，应当停止使用，及时维修，对于被有关部门鉴定为危房或危楼的学生宿舍，应立即组织学生搬离，以免在阴雨天发生倒塌事件，造成人员伤亡和财产损失。

　　其次，学校应做好学生宿舍的防雷击工作，及时安装必要的防雷设

施，对于学生宿舍的配电室，更是要进行重点防范。

最后，学校应对学生进行防雷电教育，教授学生在雷雨天如何防雷电以及如果有学生被雷击中应如何救助的安全知识，确保学生认识到雷电的危险和防雷电的重要性。要使学生懂得，如果被雷电击中，强大的电压会使人的心脏停止跳动。如果在4分钟内以心肺复苏的方法进行抢救，有可能使心脏恢复跳动。而且被雷电击中的人体内是没有电的，因此，如果有同学被雷电击中，要立刻进行抢救。

小贴士

雷电交加的时候，应首先关闭门窗，以防侧雷击和球雷侵入。最好把宿舍寝室内的电源切断，并拔掉电话插头。其次不要在雷雨天用喷头冲凉，因为巨大的雷电可能沿着水流袭击淋浴者。最后，需要注意的是，在雷雨天最好不要用手机接听或拨打电话，以防雷电袭击。如果发现有同学有以上行为时，应加以劝阻。

相关链接

《中小学幼儿园安全管理办法》第十八条

6.学生在学校浴室洗澡应注意什么？

安全故事会

小晨是山东某中学的住宿生。某日下午，由于天气比较炎热，小晨直到下午3点多才吃了午饭，晚上没什么胃口，于是就直接去学校浴室洗澡了。

由于学校的浴室比较小，加上洗澡的人比较多，热气闷得人喘不过气来。小晨好不容易找到了一个位子，洗了半个小时的澡就感觉头晕晕的，随后就突然晕倒，什么都不知道了。小晨再醒来时发现自己已经被周围同学扶出了浴室。大家一起把她搀扶到淋浴间外面的换衣间，并且采取了挤压人中等急救措施使小晨很快醒过来。小晨这才发现自己的胳膊和腿上有几处擦伤，估计是摔伤时与地面摩擦碰撞所致。

安全博士讲堂

在学校集体浴室洗澡应注意以下几个问题：

首先，学校浴室应安装排风系统，保证浴室的通风顺畅，并且应安排专门的浴室管理人员，装备急救箱和饮水机，当有学生出现"晕堂"症状时，应立即采取措施，进行急救。

其次，浴室管理人员应注意控制浴室温度，不可过高或过低，还应注意浴室的防滑，避免学生摔倒。对此，学校浴室应尽量采用防滑的瓷砖，并贴明防滑警示，提醒学生走路时要小心。

再次，学生在集体浴室洗澡时要注意防止"晕堂"症状的出现。"晕堂"症状的出现主要有以下几个原因：洗澡前数小时未进餐、血糖过低、过度劳累；长时间在一个相对封闭的空间内洗澡，新鲜空气不断减少；洗澡时间过长；等等。

最后，学校应教授学生应对"晕堂"症状的急救措施。根据症状轻重程度的不同，急救措施也有所不同。如果只是出现头晕、心慌、四肢无力等症状，不必惊慌，只要立即叫人帮忙，离开浴室躺下，放松休息，喝一杯热水，慢慢就会恢复正常。如果发现同学症状较重，已经失去知觉，应立即将其平抬出浴室，之后将其平卧，最好不垫枕头，然后用身边可取到的衣服等把腿垫高，使腿与地面成20度角。待稍微好一些后，喂些热糖水或茶，把窗户打开通风，用湿毛巾从脸面擦到脚趾，身体就会逐渐得到恢复。如病情仍不见好转，这时应立即拨打120，呼请医生进行抢救。

此外，学校集体浴室是一个公共场所，学生在洗澡时应注意学校澡堂的卫生，衣橱衣柜用完后应清理干净，共同保持干净、卫生的洗澡环境。

小贴士

学生在洗澡前后最好饮用些含有钠、钾离子的饮料或淡盐水，切记不可在饥饿时洗澡；洗澡的时间也不宜太长，盆浴20分钟、淋浴5～10分钟为佳，过长时间在水中浸泡，反而会加重疲劳感，并加重心脏的负担；对于一些体质虚弱或者大病初愈的同学，最好洗澡时有人陪护。此外，洗澡时切记不要吸烟，洗完之后应立即离开浴室。

7.如何预防学生宿舍传染病的发生？

安全故事会

小杨、小瑞均为济南一所寄宿学校四年级的学生。一日，小杨、小瑞发现同一宿舍楼的一个同学脸上长了两个大疙瘩，很好奇，用手摸了摸。第二天，那位同学因为发烧被接回了家。之后不久，小杨、小瑞先后开始发烧、不舒服，被家长接回了家，然后身上开始大面积出现痘痘。家长带他俩到医院一检查，才得知得的是传染性水痘。

据调查，小杨、小瑞所在的宿舍楼楼层共有住宿学生100多人，其中已有15人得了水痘，而且其他楼层也有同学得了水痘。虽然学校对学生宿舍定期进行消毒，并安排学生一日喝三次板蓝根，但由于害怕被乱收费，学校没有安排学生集体接种疫苗，只是建议学生自费注射，所以出现多人传染。

安全博士讲堂

学校宿舍是人员高度密集的地区，学生极易感染传染病，尤其是在传染病高发的季节。那么，我们应该如何预防宿舍传染病的发生呢？

首先，学校应建立传染病预防和应急措施。由于学生宿舍人口密度大，影响室内的空气质量，容易导致呼吸道传染病的传播蔓延。因此，管理人员应加强对学生宿舍通风换气工作的监督，保持室内空气新鲜。

其次，一旦学校宿舍出现传染病病例，应立即通知学生家长将学生带到医院进行治疗。并应在确保其身体彻底治愈康复后，再准许其回学校上课、住校。必要时，学校应采取隔离措施，并对发病寝室和楼层进行消毒处理。

最后，学校应加强对住宿学生的安全卫生教育工作，使学生了解传染病的基本知识和预防要点，提醒学生在日常生活中注意个人卫生，远离传染源，从而避免传染性疾病的侵害。

小贴士

学生在宿舍生活过程中，尤其是在传染病高发季节，应注意个人和宿舍的卫生，积极预防传染病的发生。同时多喝水、多吃蔬菜，增加肌体免疫力，均衡饮食、适量运动、充分休息、注意保暖，避免过度疲劳。

8.如何预防学生宿舍意外坠楼事件的发生?

安全故事会

　　小薇是沈阳市某寄宿中学的一名住宿生。该校为了保障住宿学生的人身和财产安全,规定:每天19点30分以后,学生寝室大门紧锁,非极特殊原因,寝室内学生一律不准出楼。某日19时40分,小薇找到值班老师请假,称其家长来电话说家里有急事要她马上回家。为稳妥起见,老师拨通了小薇父亲的手机,对方却称没这回事,让老师看护好孩子。随后,老师将小薇送回寝室,并跟她聊天安慰她。

　　21时刚过,老师有些不放心,再次巡检,看到小薇已洗漱完毕,脱衣服准备上床睡觉。于是,老师放心地走了。没想到,21时30分,寝室刚刚熄灯,就传来坏消息:小薇接到一个电话后,就非要出去不可。她将床单一头绑在窗台上,一头拴在腰上往下顺,没想到顺到半途就坠落到一楼半的雨搭上……

　　事发后,老师和同学立即把小薇送至该市某医院。经诊断,小薇左腿股骨干骨折,医生立即紧急施救,进行了手术,才最终避免了悲剧的发生。

安全博士讲堂

随着社会经济的发展,很多中小学校都建起了高层宿舍楼,如何防止学生意外坠楼也成为一个极为现实和紧迫的问题。对此，学校更应该引起足够的重视。那么，我们应采取哪些措施避免意外坠楼事故的发生呢？

根据《中小学幼儿园安全管理办法》第十八条第二款的规定，为确保学生的人身安全，学校应当在校内高地、水池、楼梯等易发生危险的地方设置警示标志或者采取防护设施。

因此，学校应明令禁止学生攀爬楼房等危险行为，加强对学生的安全教育，并在易发生坠楼危险的地方安装必要的防护措施，如在楼梯、阳台上安装防护栏杆，楼顶应禁止学生进入或安装相关的保护设施等。

面对意外坠楼或者悬挂在楼外这样的突发事件，学生首先要保持理智和清醒，如果可能可先进行几秒钟的思考，对危险的来源、性质和应对方法迅速作出正确的判断，必要时要坚持忍痛自救，并应随时保持强烈的求生愿望，不能放弃自己，因为心理上的高度生存愿望，常使人能够忍受巨大的伤痛，从而奇迹般地活下来。

小贴士

在宿舍楼内比较危险的地方，比如窗台、阳台，不要推搡、拥挤和打闹；不要做站在阳台上或者把头或身体探出窗户外这样极度危险的举动，谨防不慎发生坠楼事件；此外，学生在平时晾晒衣服、被褥，擦玻璃时，也要注意安全，避免因一时脚滑或不小心而坠楼。

相关链接

《中小学幼儿园安全管理办法》第十八条
《中小学幼儿园安全管理办法》第二十五条

9.学生应当掌握哪些抗震避险常识?

安全故事会

　　某日凌晨0时09分，某市发生4.0级地震。这时该市一个中学值班老师孙老师正好检查完寝室，准备回家休息，忽然感到楼房有震动，他意识到有地震发生，随即拨通了刘校长的电话。刘校长马上通知学校中层以上的领导到校，对学生寝室进行检查，并安抚好部分受惊吓的学生。确认暂无危险后，安排两位老师通宵值守男女生宿舍，以便及时组织撤离。

　　第二天6点30分，刘校长带领学校安全工作组成员对教学楼、学生宿舍、学校食堂及学校院墙等进行了全面排查，发现除旧教学楼12个窗框有3～5厘米移位外，其他建筑物和设施没有明显影响。

安全博士讲堂

　　地震具有巨大的危害性和破坏性。地震发生时最重要的是要掌握方法抓紧时间逃生或者避险。

　　地震发生时，首先要镇定。发生地震时有两种地震波先后出现，一种纵波，此时地壳是上下运动的，一种是横波，此时地壳是左右运动的。横波的危害比纵波大得多，但是纵波出现的时间比较早，因此在纵波出现以后会有一个相对稳定的时间，这个时间就给予了学生逃生的机会。学校应利用这段时间，组织学生逃离宿舍楼到空旷的地方去，高效、有序地开展应急工作，最大限度地减少人员伤亡和财产损失。

　　学校应制定地震应急预案，组成应急领导小组。应急领导小组在接到上级地震、临震预报后，应立即进入临战状态，依法发布有关消息和警报，全面组织各项抗震工作。同时组织有关人员对所属建筑进行全面的检查，封闭危险场所，停止各项大型公共活动。加强对易燃易爆物品、有毒有害化学物品的管理，加强对供电输电、机房机库等重要设备、场所的防护，保证防震减灾工作顺利进行。同时，要加强对广大师生的防震安全教育，做好师生、学生家长的思想稳定工作。加强各类值班执勤，保持通信畅通，及时了解基层情况，全力维护正常的教学、工作和生活秩序。

破坏性地震发生后，学校和老师应立即组织学生有秩序地撤离。同时还要迅速关闭、切断输电、煤气、供水系统和熄灭各种明火，以免地震过程中及震后滋生其他危害。迅速开展以抢救人员为主要内容的现场救助工作，及时将受伤的学生转移至附近救护站进行抢救。

与此同时，学校还应做好学生的思想教育工作，消除学生的恐慌心理，稳定人心，迅速恢复正常的校园秩序，全力维护校园的安全稳定。

此外，学校在日常的管理过程中，应当加强对学生的地震和应急避震知识的教育，制定地震应急措施，建立相关制度，做好避震防灾的演练，同时要定期检查学校的建筑，做好抗震加固工作，从而把地震灾害造成的损失降到最低。

小贴士

地震发生时，千万不要惊慌。正在宿舍楼内的同学，应就近躲到结实的家具下，如写字台、结实的床下，也可躲到承重墙较多、开间较小的厨房、卫生间等处。注意不要躲到外窗墙下、电梯间，更不要跳楼，这些都是极其危险的。躲过主震后，应迅速撤到宽敞的户外。撤离时注意保护头部，最好用枕头、被子等柔软物品护住头部。

如果不幸被困，学生应用手巾、衣服等捂住口鼻，避免被烟尘呛闷窒息，还应尽可能清除压在身上的各种物品，最好朝着有光线的地方移动。无力脱险时，尽量减少体力的消耗，坚持时间越长，得救的可能越大。此外，外面的人不容易听见废墟下的声音，因此要等听到外面有人时再呼救或敲击墙壁等。

学生在平时也应注意积累地震知识，这样在地震发生时就可以迅速自救，不过分害怕和惊慌，从而避免不必要的伤亡。同时，还应注意身边发生的异常现象，有异常情况一定要警觉，但是不要听信和散布地震谣言。

相关链接

《中小学幼儿园安全管理办法》第四十二条

二、校园教学安全

1.如何防止文具变成伤人凶器？

安全故事会

小吴今年14岁，在太原市一所中学读初二。一天下午4点多，学校老师都在参加教师会议，学生们则在教室里自习。坐在第三排的小吴一直低着头在看书。这时，前排的同学要向她的同桌还笔，可两人都不肯站起来拿，吵闹了一会儿，小吴也被影响了，瞟了她一眼。就在抬头的一刹那，一支圆珠笔飞到了眼前，接着左眼一阵剧痛，她本能地捂住了眼睛，疼得哭起来。原来她是被飞来的圆珠笔扎伤了。

小吴马上被送到附近的卫生院，但面对眼睛这样的敏感部位，那里的医生不敢下结论。简单处理后，她被转到了该市中心医院。医生介绍，小吴左眼虹膜破裂，角膜也受到了损伤。医院要先检查评估她能否自动复原，如果不行，就只能进行修复手术了。

安全博士讲堂

学生身边的文具是日常学习中不可分离的好伙伴，可是一旦使用不当，就有可能成为伤人的凶器。

为此，学校在平时应当对学生进行相关安全教育，指导学生正确使用文具。一旦发生误伤或故意伤人事件，学校应立即将事故告知双方监护人，并立即采取相应处理措施，以免因未及时就诊而使病情有所加重，对治疗造成一定的不良影响。

此外，事故发生后，学校应注意安抚受伤学生和学生家长的情绪，做好善后工作，并根据过错程度由校方和加害学生家长对受害学生进行赔偿。

小贴士

学生在日常学习、生活中一定要注意：文具是学习用品，不能用来玩耍。由于铅笔、钢笔、圆珠笔的笔尖比较锋利，在玩耍时很容易扎伤自己或者同学。除了笔之外，学生在学习过程中还会用到圆规、剪刀等文具，这些文具锋利、尖锐，稍有不慎，就有可能对他人造成伤害。学生在使用这些文具时一定要注意力集中，千万不能用刀具比划、打闹，更不能拿着互相开玩笑，以免误伤自己或他人。这些文具暂时不使用时，要妥善保存起来，放在安全稳妥的地方。此外，学生在平时要注意养成好的整理文具的习惯，用完文具要及时收起来，不要将文具散放在外面。如果不慎被文具扎伤了，不论伤到哪里，都应该及时告诉老师，不要自行处理，以免造成更大的伤害。

2.如何防止教师体罚学生？

安全故事会

　　小文是某中学高二的学生。某日晚6时许，正值下课的时候，学生多聚集在楼内走廊，外面正下着大雨，秩序很是混乱。小文在走廊内鼓掌喧闹，被学校副校长撞见。该校副校长拍打小文后背几下，说："你起哄干什么，幸灾乐祸呀！"之后就拽住小文，问是哪个班的，小文说是八班的，副校长又拽住小文的衣服去八班，小文边走边嚷："你校长凭什么打人……"高二（八）班班主任在八班教室门口见小文与副校长拉扯着，吵嚷着过来，遂上前打了小文左面部两耳光。之后，小文感觉听力下降、耳鸣。事隔一天后，小文到医院检查，被诊断为左耳外鼓膜穿孔，后经该市公安局法医鉴定，小文左耳被暴力打击造成外伤性鼓膜穿孔，其伤情构成轻伤。

安全博士讲堂

　　近年来，教师任意体罚学生，造成学生身体和心理双重伤害的案件屡见不鲜，教师体罚学生已成为社会普遍关注的问题。然而，这一问题并没有引起有关学校领导和老师的足够重视。那么，学校应采取何种措施杜绝这一恶劣事件的发生呢？

　　首先，要转变教师以往的教育观念，改变传统教育思想。传统的教学理念讲求"严师出高徒"，在这种观念的影响下，老师不尊重学生甚至殴打、辱骂、变相体罚学生，也曾被视为理所当然。近些年来，社会讲求人文教育，重视学生的身心健康，体罚显然不应成为教师体罚学生的手段，"不打不成器"、"不打何以成规矩"不能成为教师体罚学生的借口。

其次，要加强教师的法制观念，依法规范教师的教育行为。根据《中小学幼儿园管理规定》第三十五条第二款的规定："学校教师应当遵守职业道德规范和工作纪律，不得侮辱、殴打、体罚或者变相体罚学生；发现学生行为具有危险性的，应当及时告诫、制止，并与学生监护人沟通。"我国颁布的《中华人民共和国教师法》、《中华人民共和国义务教育法》、《中华人民共和国未成年人保护法》也都明确规定了尊重未成年人的人格尊严，禁止体罚学生的条文。作为学校，应当积极组织教师学习相关法律法规以增强教师的法律意识，鼓励教师热爱工作，热爱学生。

再次，切实提高教师的师德修养，加强教师心理健康教育方面的学习。现代教育提倡以人为本，提倡教育服务意识。在教育过程中，不管遇到多调皮的学生，不管遇到多难处理的问题，教师都应该有较强的心理承受能力，不仅要把学生当成人格平等的学生，而且要树立为学生服务的意识，要想到中小学生毕竟是未成年人，不可能没有错误，教师应该宽容她们，给他们爱，要学会用自己美好的心灵去温暖他们的心灵。

此外，学校应当改变教师和班级的具体评比标准，把学生迟到早退等排除在此标准之外。学校相关负责人应进行定期或不定期抽查，加强对老师的监督，征询学生意见，及时发现体罚现象，让教师体罚学生现象远离校园。

小贴士

作为学生，首先应当把学习放在第一位，端正学习态度，不能把老师的一切批评都看做是体罚。其次，遇到类似体罚的事件，学生应及时和家长沟通，或向校方举报，运用法律武器维护自身合法权益，以免出现案例中的悲剧。

相关链接

《中小学幼儿园安全管理办法》第三十五条

《中华人民共和国教师法》第三十七条

《中华人民共和国义务教育法》第二十九条

《中华人民共和国未成年人保护法》第二十一条、第六十三条

3.如何保障教学实验安全？

安全故事会

在一所重点高中的化学实验课上，教师在实验前讲解了实验过程，演示了操作方法，之后便让学生自行完成实验内容。小娜在给试管加热时，本应该用木块垫着酒精灯，但小娜当时没有认真听，就把烧杯扣着垫酒精灯给试管加热。这时一个同学碰到了底下的烧杯，酒精灯翻倒，火焰朝小娜扑来，小娜的脖子、下巴被烧伤。经医院诊断，其属于深度烧伤，整整住院两个月，为此她只能眼睁睁地看着同学都升入高三准备高考，而自己却休学在家忍痛耽误学业。

安全博士讲堂

在我国开展素质教育的同时，实验室教学已经成为增强学生实践能力的主要方式。但是，实验本身具有很大的危险性，因此，各个学校的领导应当对实验室的安全引起足够的重视。针对中小学的实验室管理，学校应做好以下几个方面：

首先，学校应当制定实验室管理规定，并且保障教师和学生人人知晓。根据《中小学幼儿园安全管理办法》第二十二条的规定，学校应当建

立实验室安全管理制度，并将安全管理制度和操作规程置于实验室显著位置。学校应当严格建立危险化学品、放射物质的购买、保管、使用、登记、注销等制度，保证将危险化学品、放射物质存放在安全地点。由于学生不是每天都在实验室上课，不可能对实验室的相关规定十分了解，而实验室的相关规定，比如实验器皿的摆放，器皿的使用规则等与实验安全息息相关，因此，让学生熟知实验室的相关规定是十分必要的，这既有利于保障实验安全，也有利于实验室的整个管理。

其次，学校应当针对不同实验课的特点与要求，对学生进行实验用品的防毒、防爆、防辐射、防污染等的安全防护教育。在教师示范时，一定要保障学生仔细听讲；实验结束后，教师应亲自排除安全隐患。由于中小学生的自我防范意识比较弱，加之好奇心比较强，有可能出现不听老师统一指挥，独立动手的情况，这是极其危险的。在实验时，教师可以把学生分成几个小组，每个小组设一个小组长，由组长负责整个实验的过程，这样就不容易出现错误，又可以培养学生的实际动手能力和团队合作精神。

最后，学校应制定相关的实验室事故应急措施，并定期或不定期地组织学生进行演练。因为，无论实验室的相关规定如何完善，老师和学生在实验时如何小心，实验室事故还是会时有发生。因此，真正切实有效的应急措施演练就显得极为重要。只有这样，才能做到危机时刻不慌乱，从而保护学生的人身安全和学校的财产安全。

小贴士

学生在实验室进行实验时，要听从老师的统一安排，遵守实验室的相关规定，认真做好实验的每一步，出现自己不会做的情况时要及时向教师请教，千万不要自行尝试，以免出现危险；在做实验的过程中要十分谨慎，避免药品或实验反应伤害到自己；出现危险时，要及时向老师报告，并赶紧离开实验台，避免伤到自己或同学；实验结束后，要按照规定将实验物品和药品等按规定摆放好，待老师检查无误后方可离开。

相关链接

《中小学幼儿园安全管理办法》第二十二条、第四十一条

4.如何保证低年级学生上下学的接送交接安全？

安全故事会

小林是某小学一年级的学生，平日里都是妈妈接送其上下学。某天，由于小林的妈妈单位有事走不开，没能及时去接小林。小林在学校门口等了半个多小时，妈妈还没有来。于是小林回到教室去找老师，这时老师也已经走了。着急的小林只好自己凭记忆步行回家。刚走出学校没多远，就碰到了一个大胡子叔叔，自称是妈妈的同事，说妈妈临时有事来不了，委托他把小林接回家。小林信以为真，便跟他走了。之后大胡子叔叔把小林关起来，并打电话向其父母要钱。小林的妈妈马上报警求助，最后，警察出动，才将小林解救出来。

安全博士讲堂

连续发生的学生安全事故，让我们不得不对低年级学生上下学的安全问题予以重视。显然，保护低年级学生的人身安全，上下学的接送环节尤为重要。作为学校，应主要从以下几个方面加强学生的接送安全。

首先，学校应从多角度建立健全校车制度，增强学生和家长对校车的信任。校车制度在保护中小学学生上下学安全中占据重要地位，它既有利

于保护学生的安全，又可以节省家长接送孩子所占用的大量时间，家长只需要在固定地点等待校车的来临即可。但是虽有些学校已经配备了校车，也建立了相应的制度，可由于我国尚没有建立完备的校车制度，缺乏有效管理，很多学生不喜欢坐校车，家长对自己的孩子坐校车也多少有些不放心。因此，完善校车制度，是使低年级学生愿意乘坐校车并取得家长信任的首要前提。

根据《中小学幼儿园安全管理办法》第二十六条的规定，学校购买或者租用机动车专门用于接送学生的，应当建立车辆管理制度，并及时到公安机关交通管理部门备案。接送学生的车辆必须检验合格，并定期维护和检测。接送学生专用校车应当粘贴统一标识。学校不得租用拼装车、报废车和个人机动车接送学生。接送学生的机动车驾驶员应当身体健康，具备相应准驾车型3年以上安全驾驶经历，并未发生过致人伤亡的交通责任事故。

其次，学校应强化教师和保安保护学生安全上下学的意识，提高教师师德和保安素质，保证学生无论是乘坐校车还是由家长亲自接送，都要做到当面交接，避免学生独自上下学情形的发生。学生上学时，应当由家长护送学生上校车或者送到校方来接学生的地点；学生放学时，应当由校方保障每一个学生都乘坐校车回家或者交由前来接孩子的家长接走。

最后，学校应当建立学生安全信息通报制度，将学校规定的学生到校和放学时间、学生非正常缺席或者擅自离校情况以及学生身体和心理的异常状况等关系学生安全的信息，及时告知其监护人。在上学期间不准学生随意出入校门，离开学校时必须要有班主任老师的说明和签字。同时，学校也应当对可能来接孩子的人予以登记，没有在学校进行登记的人一律不允许将学生从学校接走，否则，须持有已经登记人的许可说明。如果学校调整上下学时间或节假日休息，务必确保学生家长知晓，以避免学生无人接的情况发生。

小贴士

低年级的学生应当将学校的一些安排，例如上下学时间的调整、校车接送时间或地点的更改等信息及时传达给父母，以便家长作出相应安排。如果家长延误了接孩子的时间或者尚不知道什么时间来接，这个时候学生不要自行离开学校，应该寻求老师的帮助，等待家长的到来或者校车的接送。

相关链接

《中小学幼儿园安全管理办法》第二十四条、第二十六条

5.如何防止夏天考试时中暑？

安全故事会

小雨是一名初中二年级的学生，由于期末考试那天天气比较热，再加上考试前一天晚上一直熬夜复习到很晚，影响了睡眠质量，一早醒来便无精打采。匆匆赶到考场后，小雨感到有点头晕目眩，但他当时没有太当回事，就开始做题。本来这次考试的题目并不难，但是小雨却怎么也做不出来，越着急越热，后来在考试进行到一半时，小雨觉得眼前一黑，晕倒在桌子上。老师见他已经不省人事，立即送往医院抢救。最后，小雨住院一个多月才得以返校学习。这给一向成绩优异的小雨造成了不小的打击，之后每逢夏天考试就会紧张出汗、头脑发晕。

安全博士讲堂

考试会给学生带来紧张情绪。特别是夏天，本来就燥热难耐，再加上考试的压力，学生很容易中暑。因此，学校应当在考场内安装风扇、空调

等设施，防止室内温度过高。同时，每个考场不要容纳太多考生。在考试中，老师应经常巡视，留心观察每个学生的身体状况，一旦有人中暑，应立即采取现场抢救措施。首先，应迅速将病者抬到通风、阴凉、干爽的地方，使其仰卧并解开衣扣，松开或脱去衣服，如衣服被汗水湿透应更换干衣服。同时可用扇子轻扇，帮助散热。面部发红的患者可将头部稍垫高，对面部发白患者头部略放低，使其周身血液流通。然后，给患者降温，可在患者头部揞上一块冷毛巾，另外可用50%酒精、冰水、冷水进行全身擦浴，使末梢血管扩张，促进血液循环，然后用扇子或电扇吹风，加快散热。病人若已失去知觉，可用手指掐人中、谷中等穴，使其苏醒。醒来后，可给其喝一些清凉饮料或淡盐水。对于重症中暑者，必须立即送往医院抢救。

小贴士

学生在夏天考试时应作好防暑准备。在考试前的晚上，要保证充足的睡眠。因为夏天日长夜短，人容易疲惫。而充足的睡眠，可使大脑和身体都得到放松，这样既利于工作和学习，也是预防中暑的最佳措施。易于中暑的学生，平时要注意多吃新鲜蔬菜和水果，多喝番茄汤、绿豆汤、豆浆、酸梅汤等，注意营养膳食，补充蛋白质和维生素。此外，要想考试考个好成绩，学生更应在平日里多下工夫，同时要对自己有信心，不要给自己太大压力。如果在考试时觉得紧张，可以多作深呼吸，将心态放平稳，这样才有利于正常发挥。

6.如何避免因考试
压力大造成心理疾病?

安全故事会

　　小吴是某中学初中三年级的学生。他平时学习勤奋刻苦，与同学团结友爱，因而获得老师和同学的普遍好评。然而在最近的几次模拟考试中，小吴却接连失利，成绩一路下滑。父母对此非常着急，多次对他进行批评，并严厉警告他说，如果下次还考不好，就不用回家了。这给小吴造成了很大压力。接连几天，小吴茶饭不思，夜不能寐。后来好长一段时间小吴精神状况极差，整日抑郁不安。他母亲反映，他回到家也不说话，总是把自己一个人关在房间里；同学们反映，他现在也很少和同学们谈笑了，总是独来独往。有一天上课，老师发现小吴没有来，也没有请假。原来小吴因考试压力过大甚至动了自杀的念头，独自坐在教学楼顶准备跳下去，幸亏管理员及时发现，将他救下来，否则后果将不堪设想。

安全博士讲堂

　　虽然我国实行素质教育已经有很多年了，但是单凭成绩评定学生是否优秀的传统做法并没有根本改变，而且这种不合理的评价制度适用的年级段已经越来越低。

　　中小学生年龄尚幼，心智还不成熟，抗压和耐挫能力比较弱，在这种只凭成绩论好坏的环境里，其遭受的压力自然是相当大的。为了防止学生因学习压力大而导致心理疾病，学校应当改变单一的以成绩论好坏的制度，而是从德、智、体、美、劳多个角度对学生进行综合评价，真正将素质教育落到实处。

老师要经常与同学们进行谈心，了解其性格和态度，以及学生最近的心理状况；要及时为学生排解心理上的问题，缓解学生的压力。需要注意的是，老师在和学生谈心时，要心平气和、和蔼可亲，避免采用审讯的方式，否则不仅不能起到为学生排忧解难的作用，反而会使学生产生更大的学习压力。

在教学过程中，老师要善于引导学生了解自己，冷静、客观、现实、理性地分析自身所具备的素质和发展潜能，引导他们科学、准确地定位，从而减小由于自我定位不准确而造成的内在的心理压力。一方面，学生不要妄自菲薄，定位过低，要大胆肯定自己，追求美好的理想目标；另一方面，学生也要避免过高估计自己的能力，定位过高，给自己定一些不切实际的目标，从而产生很大的心理压力，影响自己的身心发展。恰当的期望值，有利于学生不断自我超越；不当的期望值，会使学生丧失追求的动力甚至使学生误入歧途。

学生由于其年龄特征，成功的心理体验往往很容易激发他们的奋进情绪，哪怕是在成人看来微不足道的小小胜利，都会成为他们前进的巨大推动力。因而，老师要善于发现他们的进步，要"打着灯笼找优点"，并分享他们成功的喜悦，以灵活多变而自然的方式回应其成功的情感反应。例如，在批改作业中老师可以根据学生的答题情况写出批语，让学生坚定信心，看到成功离自己并不是太远。

此外，学校应组织学生参加丰富多彩的课余活动，加强学生与外界的联系，及时缓解和驱散学生的压力。与此同时，老师应积极与学生家长交流，争取家长的配合。建议家长不要过分责难孩子，要加强与学生的沟通，对孩子的期望值不宜过高，以免适得其反，只要学生尽力就可以了。

小贴士

考试压力主要源于两个方面：一是学生平日学习不够认真

努力，二是学生的心理素质不够好。要避免学生因考试压力大而导致心理疾病，应做好以下几点：首先，学生在平日里要认真学习，不要平时不努力而指望考前突击或者老师集中辅导，要按时完成自己的学习任务，不会的问题应及时向老师或同学求教，把难题解决在平日；其次，考前要注意放松心情，不要总想着如果自己考不好会怎么样，要增强自己的自信心，相信经过自己的努力一定能够取得好的成绩；开考前，可做深呼吸，缓解压力，不要把注意力都放在已经考完的科目上，要相信自己将要考的科目一定能够发挥得很好。

最后，学生要及时与家长、老师交流，并将自己的想法说出来，让家长和老师帮助自己改善心理素质。

三、校园体育娱乐活动安全

1.如何预防体育器材的安全隐患?

安全故事会

李某是某中学初二年级的学生。某日课间休息时，李某和同学约好去篮球场做一个特殊的游戏，他们不是去打篮球，而是要比赛看谁能抓住篮球圈坚持最久。他们走到篮球架下，李某最先尝试。他一跃而上，用手抓住了篮圈，正当他洋洋得意地向同学炫耀时，篮球架突然倒塌，篮球圈正好砸在他的胸部，导致其当场休克。幸亏抢救及时，李某才脱离了生命危险，但留下了后遗症，无法再正常学习生活。李某家长指出，该校运动场的设施陈旧，没有及时发现、及时更换，留下了安全事故发生的隐患；对于李某等学生抓攀篮球圈的行为，老师没有及时发现和制止，监督不力，应对事故的发生承担主要责任。

安全博士讲堂

体育活动是以身体练习为主要手段，以增进中小学生身心健康为主要目的的实践活动。由于体育活动的形式比较特殊，所以极易发生安全事故，造成学生身体上的伤害。作为学校，首先要加强对学生的安全教育，加大体育器材的安全系数，这样才能在保障学生安全的前提下，增强学生体质、增进学生身体健康和提高学生心理健康水平。

首先，学校应加强对学生的安全教育。要教育学生远离不正当的玩耍方式，比如，篮球圈不是单杠、双杠，不能抓攀。中小学生由于心智尚未成熟，往往意识不到不正当游戏的危险性，这就要求学校要经常性地对学生进行体育活动的安全常识教育，告诫学生哪些活动方式是危险的。

其次，学校应确保学校配置的体育器材完全符合国家和地方的标准。中小学生由于年龄比较小，好奇心强，好胜心强，即使学校对其进行了安全教育，也仍避免不了有些学生冒险尝试这些危险活动。所以，学校必须重视体育器材的安全情况。学校配备的体育器材一定要符合国务院教育行政部门或地方教育行政部门规定的相关标准。

最后，学校应定期对学校的体育器材及设施进行检查，以及时发现和消除危险隐患，避免伤害事故的发生。学校在检查时发现学校的体育器材及设施存在安全隐患的，应当停止使用，及时维修或者更换；维修、更换前应当采取必要的防护措施或者设置警示标志。

小贴士

中小学生在进行体育活动时一定要注意自身的安全，要按照正常的方式使用体育器材。比如，篮球场就是用来打篮球的，篮球架不能用来攀爬，篮球圈也不能用来抓握，否则很容易发生危险。一定要时刻保持安全意识，不能为了逞强或者寻求刺激而不顾自身的安全。同时，对于学校已经设置警示标志、提醒不能使用或者虽然没有设置警示标志，但已呈现出明显的安全隐患问题的体育器材，比如已经松动的篮球架，已有明显裂痕的秋千架等务必不要使用。如遇后者，学生还应及时向老师反映，使学校采取措施避免事故的发生。

相关链接

《中华人民共和国体育法》第二十二条
《学校体育工作条例》第二十条
《中小学幼儿园安全管理办法》第十八条

2.如何保证学校运动场地的安全使用？

安全故事会

　　某日下午有体育课，初三学生小林和几个好朋友约好一块打篮球。体育课开始了，小林在听到体育老师说"大家自由活动"后，就兴奋地抱着篮球向篮球场跑去。就在他跑到距离篮球架不足十米时，同学们听到"咣当"一声，小林因踩到香蕉皮摔倒在了地上。同学和老师赶紧将小林送往医院。小林被医院鉴定为小腿组织损伤，不仅住院花费了一万多元，而且严重影响了正常学习。

安全博士讲堂

学校运动场地是学生运动健身的主要场所，运动场地存在问题，会给学生的身体造成一定的伤害。为了避免这种伤害的发生，学校应做好以下几个方面：

首先，学校应当按照国家课程标准和地方课程设置要求，将安全教育纳入教学内容，对学生开展安全教育，培养学生的安全意识，提高学生的自我防护能力。比如，老师应提醒学生在使用运动场地前，注意检查一下场地上有无垃圾等物品，是否存在安全隐患；告诫学生不要在结冰的操场上玩耍，以免摔伤。

其次，学校应当经常检查、清扫运动场地，维持场地的正常使用状态，为学生活动提供安全保障。还需要注意的是，运动场地的安全保障不仅包括场地设施的配备，而且还包括场地的卫生等其他方面。

最后，需要注意的是，学校体育场地是专为学生、教师服务的，用以开展正常的体育教学用途，非特殊情况一律不得对外开放。此外，学生在运动过程中也要爱护场地和设施，不得随意损坏运动设施，不得在场地上做非体育类运动。

小贴士

学生在运动前一定要先检查一下运动场地是否存在潜在的危险因素，绝不能因为玩忽视了危险。同时，学生在运动过程中也要爱护运动场地和设施，注意保持运动场地良好的卫生状况。

相关链接

《中小学幼儿园安全管理办法》第十八条、第二十八条第三款、第三十八条

3.如何避免在体育比赛中突发危险事故？

安全故事会

小强是一个刚满10岁的在校学生，某日下午，他参加学校组织的篮球比赛时，在抢球过程中与其他学生发生碰撞，导致左手臂触地疼痛不止。小强所在班班主任当即将小强替换下场并送到校医室诊治。由于当时受皮外伤的学生较多，小强除了疼痛之外手臂上也并无其他异常损伤，校医给小强擦了药水后，告诉他说休息几天就好了。可过几天后，小强的左手臂依旧疼痛不止，并且左手臂下端有异常突起，小强的父亲经询问医院医生才得知小强有可能是骨折。后经送医院诊断，小强为左手臂下端桡骨骨折。

安全博士讲堂

近些年来，随着学校运动场地和各项运动设施的健全，同学们进行体育锻炼和比赛的机会也越来越多了。但是，学生在体育比赛中受伤的事件也时有发生。那么，学校应当如何避免这种情况的出现呢？

首先，学校在组织学生比赛前，老师应当针对学生的运动内容，进行必要的比赛规则教育，使学生了解比赛规则的内容并认识比赛规则的重要

性，从而自觉遵守比赛规则，特别要教育学生在比赛中不要故意犯规。比如，在足球比赛中，队员故意踢对方队员、故意将对方队员绊倒、故意用身体冲撞对方队员等都算犯规。比赛规则一方面可以保证比赛的公平性，另一方面也有利于保护学生的人身安全。所以，对学生进行比赛规则教育十分必要。

其次，学校在组织学生进行比赛时，尤其是篮球、足球等危险系数比较高的比赛时，老师应当在现场指导或者当裁判。根据《中小学幼儿园安全管理办法》第三十条第一款的规定，学校应当按照《学校体育工作条例》和教学计划组织体育教学和体育活动，并根据教学要求采取必要的保护和帮助措施。篮球和足球都是对抗性很强的运动项目，在运动过程中极易发生身体的碰撞，造成身体的伤害。因此，对于这些具有危险性的活动，应由专业的老师进行指导并提供帮助，使学生在享受比赛乐趣的同时保证身体的安全。

最后，一旦突发危险事件发生后，学校医务工作人员应及时赶往事发现场或者对已经赶来的受伤学生施以及时规范的治疗和抢救，并应当及时将受伤情况告知未成年学生的监护人。需要注意的是，学校对任何一个受伤的学生都不能掉以轻心，以免贻误最佳治疗时机，最终造成无法挽回的损失。这是学校千万不能忽视的问题，因为这关乎学生的健康甚至生命安全。

小贴士

学生在进行篮球、足球等竞争性、对抗性比较强的运动和比赛时，一定要遵守比赛规则，否则自己的一个很小的违规行为都有可能给其他同学的身体造成伤害。我们要知道，比赛不仅仅是为了获胜，更多的是为了锻炼身体，增进友谊。比赛规则，目的就是为了确保比赛能够正常进行，并尽量降低比赛的危险系数。因此，学生在进行比赛时，要遵守比赛规则，不能为了取胜而不择手段。

《中小学幼儿园安全管理办法》第三十条
《学生伤害事故处理办法》第十五条

4.如何避免运动会期间发生意外伤害事故？

安全故事会

　　某日，某校举办冬季运动会。这天上午，该校初二（五）班的学生小辉正在铅球场上与其他小运动员激烈角逐，30多名同学在赛场周围呐喊助威。不料，小辉因投掷的姿势不对，将5公斤重的铅球投偏了方向，铅球飞出投掷区，砸向了站在离投掷点7米多远的同班同学小勇的头部。小勇当场倒地，眼睛翻白，不省人事。该校迅速将小勇送往医院急救。小勇因伤情严重，需进行手术治疗。

　　一般来说，能够参加学校运动会比赛的学生都是经过挑选的，是具有一定运动知识和技能技巧的。在一般情况下不会出现将铅球投偏的情况。而且在过去练习时，也可能没有发生过这种投偏的情况。但是，在运动会比赛时，由于情绪亢奋、紧张，特别是周围又围满了为自己呐喊鼓劲的同学就可能出现意外。加之初中生毕竟还没有完全发育成熟，运动技能技巧的掌握水平也还不够纯熟，在这种情况下，出现失控的可能性还是很大的。遗憾的是学校和老师本该预料到这种情况可能会发生，但是却疏忽了。而且，学校在组织运动会时，并没有把学生安排在绝对安全的区域观看，而仅仅是站在投掷区以外，这也是导致这场悲剧发生的原因之一。

安全博士讲堂

学校定期举办运动会是增强学生体质，提高学生运动技术水平，培养学生勇敢、顽强、进取、合作精神的重要方式之一。然而，学校运动会的举办并不是一件轻而易举的事情，只有在会前进行精心的部署、充分的准备、严密的组织，才能保证学校运动会安全有序地进行。具体而言，学校在举办运动会时应注意以下几点：

首先，学校组织学生参加比赛，应该遵照学生自愿报名的原则，并结合学生自身的体质及能力进行。学校不能随意安排学生参加比赛，更不能为了完成参赛指标或获得奖项而强迫没有兴趣参加某项比赛或者不适宜参加比赛的学生参赛。对于一些易发生危险的体育比赛，比赛开始前，老师一定要向学生讲明其危险性，同时提供安全方面的技术指导及防范措施，并确保每一位参赛的同学都已知悉。根据《学生伤害事故处理办法》的相关规定，学校组织学生参加校运动会，未对学生进行相应的安全教育，并未在可预见的范围内采取必要的安全措施，因而发生学生伤害事故的，学校应当依法承担相应的责任。

其次，学校在组织运动会时，要确保各个竞赛区之间保持一定的隔离区域，并限定参赛学生的范围，不得擅自闯入其他项目的竞赛区域。同时，观众区和竞赛区也要分开。作为观众的学生，未经老师许可，不得进入竞赛区。在这里需要特别指出的是，观众区应当被安排在绝对安全的区域，即在各种情况下，都不会被参赛项目伤害到的区域。安全区的设置，必须考虑参赛者可能出现的各种失控情况。对于比较危险的比赛项目，学校应派人在安全线警戒，以免有学生不注意进入危险区域，发生事故。

再次，在各个比赛项目开始前，负责该项目的老师应认真检查场地和体育器材的安全状况，在确保其不存在异常情况下，方可开始比赛。否则，因运动场地、设备不合格发生学生伤害事故的，学校则要依法承担相应的责任。

最后，学校应在运动会现场设立救护站，备好急救药品和器材，有条件的学校要备好校车，随时应急，不得延误。一旦发生人身伤害事故，应当及时救护，妥善处理，并及时向有关主管部门报告。学生在运动会期间发生意外伤害事故，学校未及时采取相应的措施，导致严重后果的，学校也要依法承担相应的责任。

小贴士

学校在举办运动会时，学生无论是参加比赛还是观看比赛都要注意提高自己的保护意识。要认真遵守赛场纪律，服从调度指挥，保持赛场秩序，确保会场安全；要在指定的地点观看比赛，有组织地为运动员加油助威，不要随意在赛场中穿行、玩耍，以免被投掷的铅球、标枪等击中；临赛前不可吃得过饱或者过多饮水。比赛结束后，不要立即停下来休息，不要马上大量饮水、吃冷饮，也不要立即洗冷水浴。此外，学生在比赛时应注意防止意外伤害事故的发生，在身体状况不允许的情况下，不应再坚持比赛，以免造成不可挽回的损失。

相关链接

《学生伤害事故处理办法》第九条、第十五条
《中华人民共和国未成年人保护法》第二十四条

5.哪些危险游戏不能玩？

安全故事会

　　李小明和张大鹏是某小学四年级的学生。某日课间休息时，李小明取笑张大鹏，说他是胆小鬼，上周末坐过山车的时候还吓哭了呢。张大鹏听后浪不服气，叫道："李小明，你才是胆小鬼呢！你就会吹牛，你是咱们班胆子最小的了！""我胆子小？有本事咱们就比一比，看谁胆子小？咱们就比谁敢从二楼阳台跳到地面。让林青青做裁判。"李小明向张大鹏下了战书。"比就比，谁怕谁！"张大鹏也不甘示弱，接下了战书。两人拉扯着站上二楼阳台边缘，然后就跳了下去。随后就是两声惨叫，李小明小臂骨折了，张大鹏腿骨摔折了。

安全博士讲堂

　　中小学生由于年龄尚幼，自我保护意识不强，再加上好动、好胜心强等特点，常常喜欢进行一些危险的"游戏"，从而导致危险事故的发生。对此，学校应从以下几个方面加以预防和处理：

　　首先，学校应针对易发生危险的"游戏"对学生进行针对性安全教育，培养学生的安全意识，提高学生的自我防护能力。要教育学生避免玩这一类型的游戏，及时消除隐患，预防意外事故的发生。要注意引导学生进行安全、健康、有益的活动，从而切实保障未成年学生的人身安全。对此，《中小学幼儿园安全管理办法》、《中华人民共和国未成年人保护法》和《中华人民共和国义务教育法》都有相关规定。

　　其次，教师在日常管理或教学过程中如果发现学生有意进行或者正在进行危险游戏的，应当立即予以制止，并告诫其行为的危险性。情节较重的，还可以和学生家长交流沟通，共同做好学生的安全教育，但是不得因此而侮辱、殴打、体罚或者变相体罚学生。

最后，伤害事故发生后，学校和老师应及时采取措施对学生施救，绝不能粗心大意，以免贻误治疗时机。学校还应当及时和受伤害学生的家长取得联系，并注意做好学生和学生家长的安抚工作，情况严重的，还要及时向有关主管部门报告。对此，《中华人民共和国未成年人保护法》和《学生伤害事故处理办法》都作出了相关规定。

小贴士

学生在学校学习和生活期间，应当遵守学校纪律和学校规章制度，服从学校管理，不得从事危及自身或者他人安全的活动。不要因为好玩而爬到高处，更不能从高处往下跳，因为这样做会导致摔伤，甚至会发生生命危险。此外，学生在玩耍时要注意场所和对象，不能不加选择地随意玩耍。例如，把楼梯扶手当做滑梯玩是很危险的，稍有不慎就会受伤。而且学生不仅要注意自身安全，还要在看到其他同学做危险游戏时，及时劝阻，若其不听，应及时告知老师，以避免发生不幸。

相关链接

《中小学幼儿园安全管理办法》第三十六条、第三十八条
《中华人民共和国未成年人保护法》第二十二条
《中华人民共和国义务教育法》第二十四条

四、组织学生校外活动安全

1.学校在组织学生出游时 应如何确保学生的乘车安全？

安全故事会

　　春天归来，大地复苏。某小学决定在清明时节组织学生到郊外踏青，亲近大自然。于是清明节那天便组织学生到离市区约30里远的森林公园游玩。老师提前一天把这个消息告诉了学生们，学生们都很高兴。第二天，大家都早早地来到了学校，老师清点完人数后，大家就登上了学校临时租的大巴车。老师和同学们在车上有说有笑，奔向目的地充满了期待。可就在大家都沉浸在兴奋中时，司机突然一个急刹车，致使当时在车厢内走动的学生纷纷摔倒，其他坐在座位上的学生也因身体猛然前倾而磕伤。

　　司机突然刹车的原因是，司机驾驶时低头点烟，猛一抬头发现前方红绿灯正变为红灯，所以突然刹车，结果与前方的车辆相撞，造成了多名学生受伤。

安全博士讲堂

学校组织未成年学生集体出游，亲近大自然，这有利于学生的身心健康。而如何确保学生的乘车安全，这也是学校在组织出游时必须认真对待的问题。总的来说，学校应在以下几个方面加以注意：

首先，学校在选择出行的车辆和驾驶员时应当十分审慎。存在安全隐患的车辆坚决不能使用，使用的车辆必须具备相应的营运资质，并且已经通过交通管理部门的检查和许可。严禁学校在组织学生出行时租用无证、无照人员驾驶的车、船等交通工具。此外，根据《中小学幼儿园安全管理办法》的相关规定，接送学生出行的机动车驾驶员还应当身体健康，具备相应准驾车型3年以上安全驾驶经历，无致人伤亡的交通责任事故等条件，以确保学生的乘车安全。

其次，在出行前，学校或车辆的所有者应检查车辆车况，车况不良必须及时修理或换车，否则不得发车。另外，在学生出行时也要严禁超员、超载及酒后驾车情况的存在，严防交通事故的发生。

再次，学校在出行前要对学生开展交通安全教育，使学生掌握基本的交通规则和安全乘车知识。中途车辆出现故障时，带队跟车老师应及时把故障情况通知校领导，若故障影响安全行驶的，一律停驶。需要换乘车辆时，带队老师要维持好秩序，严禁学生随意走动，防止交通事故的发生。

最后，学生在出行中如果发生交通事故，带队老师应立即询问、检查学生的受伤情况，安定学生情绪，视伤情确定是立即送往医院还是紧急处理后再送医院。并迅速将事故情形报告学校领导和受伤学生的家长以便做出妥善安排。

小贴士

学生出行，要遵守外出纪律和老师的安排，遵守基本的交通规则和行为规范。学生集体乘坐客车时，应当待车停稳后按顺序上车，不要携带易燃易爆等危险品上车。上车后，学生要找座位坐好，不要随意在车厢内走动，不要嬉戏打闹，以免因车辆突然刹车而发生危险。不要将头或胳膊伸出车窗外，不要随意开启车门或向外投掷东西，以免发生意外。车到站后，要待车停稳后方可下车，要按顺序依次下车。学生在平日应认真学习自救和应急知识，在发生事故时千万不要惊慌，要善于自救，并服从老师的指挥进行逃生和救护。

相关链接

《中小学幼儿园安全管理办法》第二十六条

2.外出游玩时应如何预防学生走失？

安全故事会

适逢周六，某中学初一（1）、（2）两个班组织学生去郊游。50名学生在李老师、刘老师两位班主任的带领下，很快到了植物园。一天下来，大家玩得很开心。傍晚时分，即将返程时，初一（1）班班主任李老师突然发现张小强不见了。两位老师很是着急，赶忙问学生有没有见到张小强，同学们都说有好一阵没见过他了。眼看天就要黑了，李老师决定自己在原地等一会儿，让刘老师先带着其他的同学下山并报警。当警察和植物园的工作人员赶到和李老师一起在园林里搜索时，发现张小强正坐在一个山脚下的石凳上哭呢。原来，在行至某一景点时，他看到了一种很漂亮的果子，于是就一个人偷偷爬到树上去摘。当他从树上下来时，发现大家已经走远了，而他自己也不知道该往哪个方向去追，就四处找大家，后来就迷路了。

　　学校在组织学生外出游玩时应把学生的安全放在首要的位置，确保每一个学生都能"快乐出去，平安归来"。为了做到这一点，学校应从以下几个方面着手采取措施：

　　首先，学校在组织学生出游前要做好相关的准备工作，指派有经验的干部、老师事先对出游场地进行考察，对有可能出现的各种情况进行足够的分析，以便作好防范准备。凡是不安全的地方，或是安全措施无保障的地方，学校都要严禁组织学生前往。

　　其次，学校在开展活动前要对学生进行有针对性的安全教育，引导学生自觉遵守活动纪律，做到不擅自离队。学校还要针对每次集体活动成立临时的安全管理组织机构，安排必要的管理人员，落实安全责任。此外，学校还要针对活动制定相应的安全应急预案，并要配备相应设施，以便在学生发生意外时能够在第一时间得到救治。

　　再次，活动中老师在每次转移活动地点时，及活动结束时必须清点人数，以便及时发现有无走失的学生。等每个学生都到齐后才可以离开，做到"一个都不能少"。需要注意的是，带队老师不能仅仅在活动结束时才清点人数，这是因为有些学生可能在中途就离队了，如果在活动结束时才寻找就会比较麻烦，而且离队学生也有可能在此期间发生意外。

　　最后，带队老师应在活动前告诉学生这次活动的行进路线时间，最好发给学生每人一份地图，并告诉大家最后汇合的地点，这样可以帮助走失的同学归队。

　　此外，在整个出游活动过程中，带队老师应保持手机处于开机状态，并确保电池有电、资费充裕。在出行时应允许学生带手机，出行前老师和学生要互留电话号码，以便遇到情况及时联系。如果发现有学生走失，千万不要大意、拖延，带队老师应立即组织寻找。在寻找时，可以从走失学生最后接触的同学入手，了解其最后行踪。必要情况下，也可以向警方求助。

小贴士

学生在外出游玩时一定要严格遵守活动纪律，服从老师的统一指挥和安排，切不可擅自行动，以防走失或者发生其他意外。有事离开时要和带队老师请假，待老师批准后方可离开。在游玩过程中，不要随便采摘、食用蘑菇、野菜和野果，以免发生食物中毒，以及因此耽误时间而与大家走散。若一旦与大家失散时，如果携带手机，应及时和老师、同学联系，询问路线，找到大家。如果联系不上，不要慌张，也不要胡乱走动，可以找到事先约定的汇合地点等待大家，或者在原地等候老师来找自己。

相关链接

《中小学幼儿园安全管理办法》第二十九条

3.外出游玩时如何预防学生意外受伤？

安全故事会

邹某为某小学二年级的学生。某日，邹某所在的小学经主管教育行政部门批准，组织学生到植物园游玩。为搞好这次郊游，学校进行了相关的准备工作，各班还配备了副班主任，以加强对学生的保护。郊游过程中，邹某一直忙得不亦乐乎，原来，他一直盯着手机屏幕玩游戏呢！结果当行至一路段时，邹某被石块绊倒，造成右手骨折。经治疗花去医药费5000余元，还影响了他的正常学习和生活。

安全博士讲堂

组织学生外出游玩本是一件有利于未成年学生身心健康的活动，但如果学生在游玩过程中意外受伤，这是谁都不希望发生的事情。那么，学校在组织学生外出游玩时应如何预防学生意外受伤呢？

首先，学校和老师在组织学生外出游玩前要对学生进行与出行有关的安全教育，从而增强学生的安全防范意识，提高学生的自我保护能力。否则，如果学校在组织学生外出游玩前没有对学生进行相应的安全教育，也没有在可预见的范围内采取必要的安全措施，因而导致学生在活动中意外受伤，学校就须依法承担相应的责任。对此，《中小学幼儿园安全管理办法》、《学生伤害事故处理办法》、《中华人民共和国义务教育法》和《中华人民共和国未成年人保护法》等都作出了相关规定。

其次，学校在组织学生外出活动时应对参与活动的教职员工的职责进行明确，同时要强化参与活动组织的工作人员的责任心。在一些校外活动中，尽管学校在之前作了较周密的安排，也对学生进行了相关的安全教育，但是由于中小学年龄尚幼，自我保护意识不强，再加上好动、好奇心强等特点，仍不可避免会作出一些危险的举动。这就要求带队老师对自己负责的学生要用心，在行进过程中注意留心每一个学生的状态，一旦发现学生有越格行为的，要及时制止和劝阻。若因带队老师的疏忽或者懈怠导致发生学生伤害事故的，学校应当对此承担责任。

最后，同学们在参加外出活动时要互相帮助、互相关心，在行进途中或者自由活动时，要留心前后相邻或本小组同学的行为，一旦发现同学有违纪行为或冒险行为时要及时加以劝阻或告诉老师。

小贴士

老师在组织学生外出游玩前要对其进行有关的安全教育，特别要提醒他们遵守纪律，服从管理，听从指挥。学生要提高自己的自我保护意识，一切听从老师的指挥和安排，切不可掉以轻心、不以为然。在游玩过程中同学们之间还要互相关心、互相帮助，若发现其他同学有危险行为应在第一时间向老师报告。

相关链接

《学生伤害事故处理办法》第九条

《中华人民共和国义务教育法》第二十四条

《中华人民共和国未成年人保护法》第二十二条

4.学校组织学生看电影应如何避免踩踏事故的发生？

安全故事会

某日，某小学组织该校二年级学生到电影院看电影，同学们在老师的带领下排队进场。然而，学生们还未进完场时，影厅内的灯光突然熄灭，该年级学生小飞只得在黑暗中摸索前行，不慎被前方的台阶绊倒。后面的同学并没有发觉这一情况，依然拥挤着往前走，在场的老师也没有加以阻拦，小飞则被同学踩在脚下。继而又有几名同学被台阶绊倒。就这样，现场秩序大乱，多名学生被压倒踩伤。小飞受到重伤，幸亏及时被送往医院进行抢救，才保住了性命。

安全博士讲堂

在公共场所，如大型商场、电影院、超市等地方，由于人员密集且流动性大，如果发生紧急情况，很容易发生拥挤踩踏事故。因此，学校在组织未成年学生到电影院看电影时，应尤其要注意维护好现场的秩序，确保学生的生命安全。具体而言，为防止踩踏事件的发生，学校和影院应做到以下几点：

首先，学校在组织学生到影院观看电影之前，应当有针对性地对学生进行安全教育，并应根据学生人数的多少安排专门的老师负责组织。负责的老师应当尽职尽责做好工作，切不可马虎大意。上述案例中，学生在进场时，影厅内的灯光突然熄灭，带队老师没有采取任何应急措施，也没有阻止学生继续入内，没有尽到自己的管理职责，导致秩序混乱并进而发生了踩踏事故。根据《学生伤害事故处理办法》的相关规定，学校组织学生参加校外活动，未对学生进行相应的安全教育，并未在可预见的范围内采取必要的安全措施的，学校应当承担相应的责任。

其次，电影院作为公众休闲娱乐的经营场所，应当为观看电影的观众提供安全的环境，组织专人维持好现场秩序，组织好与电影播放有关的一切工作。以上案例中，电影院在学生未全部进场的时候，突然熄灯，学生因看不见路而摔倒，最终发生踩踏事件，导致多名学生受伤，该电影院没有尽到对观众的安全保障义务，因此，对该伤害事故也要承担相应责任。

最后，踩踏事故发生后，学校及影院应立即对受伤学生组织营救，以免贻误病情，耽误治疗。对此，《中小学幼儿园安全管理办法》第五十七条作出了相关规定，发生学生伤亡事故时，学校应当按照《学生伤害事故处理办法》规定的原则和程序等，及时实施救助，并作出妥善处理。

小贴士

学生在电影院或者其他公共场所进行活动时，务必要提高安全防范意识；在发生紧急情况时要及时作出判断，要沉着冷静地采取应对措施。学校及家长也要经常对学生进行安全教育，这样一旦发生踩踏事故，才可能把损失降到最小。

相关链接

《中小学幼儿园安全管理办法》第二十九条、第五十七条
《学生伤害事故处理办法》第九条

5.如何避免学生春游吃野果食物中毒?

安全故事会

　　某周日，某市一个小学组织学生到野外春游，学生们都非常高兴，大家排着队跟着老师来到野外的小河边。学生们尽情地游玩和嬉戏。后来当老师安排学生分组自由活动时，大家就三五成群地散开了。这时学生小夏发现了一种好看的野果，就问其他学生是什么。大家都不知道，小夏就说:"我先尝尝吧。"于是，小夏就摘了一个野果吃起来，觉得味道还不错，就又吃了一个。随即，其他同学也一边摘一边吃起来。后来其他小组的同学也都好奇地吃起来。老师发现后也没有制止该种情况。等到下午要返校时，凡是吃了野果的学生都出现了不同程度的呕吐、腹痛、头晕现象，尤其以小夏的情况最为严重。老师才意识到学生可能吃了野果中毒了，于是赶紧将学生送到医院救治。结果小夏因为吃得过多而中毒死亡。后来，大家才知道这种野果就是叫水麻桑果的毒果。

安全博士讲堂

　　很多的例子说明，许多意外伤害事故都是由于未成年学生不懂得安全知识，而学校和老师又没有给予安全教育和指导，没有采取必要的安全措

施造成的。尤其是在学校组织的校外活动中，由于教师未尽到安全注意义务和实施安全措施而导致学生受到伤害的案件并不少见。那么，在学校组织春游的过程中，应如何避免学生食物中毒或受到其他意外伤害呢？

首先，在组织校外活动前，学校或教师要对学生进行相应的安全教育，告知学生不要私自采摘、食用野果，擅自接触野生动物的危害性，提高学生的自我保护意识。

其次，在出游过程中，带队老师要时刻留心每位学生的行为和动向，一旦发现有学生正在实施危险行为或者有实施危险行为的意向时，要及时予以制止，并在可预见的情况下采取必要的安全措施。上述案例中，带队老师看到了学生食用野果的行为，却并没有及时制止，也没有采取必要的安全措施，直到吃了野果的学生都出现了不同程度的呕吐、腹痛、头晕现象时才意识到问题的严重性，并最终导致了小夏中毒死亡、其他学生不同程度中毒事故的发生。在此案例中，带队老师是有一定的过错的，学校也要对此承担相应的责任。

小贴士

学生在参加学校组织的春游活动中，要认真听取老师的安全教育和忠告，约束自己的行为。在活动过程中不得私自采摘、食用野果；不得接触野生动物；不得下塘、下河嬉水；要在规定的范围内活动，未经允许不得进入危险地带，以免发生意外。

6.如何避免学生在植树期间受伤？

安全故事会

某日，某小学开展"我与小树一同成长"实践活动，号召三至五年级学生每人移植一棵花木到学校。该日上午12时左右，五年级的学生王明明、孙晓亮等5人到位于学校西南方的小山上找树，但发现山地太硬，树拔不出来。几个人开始往回走，途中，王明明想走近道，便从田埂上跳下（两田高度相差约80厘米），不幸摔伤。经医院诊断，其为腹部闭合性损伤，脾破裂。

安全博士讲堂

在学生求学期间，必要的劳动锻炼是培养学生综合能力和社会责任心的十分重要的一课。但是，学生在参加学校组织的绿化植树和其他义务劳动时，一定要注意安全，因为稍有疏忽，就有可能酿成事故，后果将不堪设想。具体而言，学校在组织学生参加植树活动或其他社会实践活动时应注意以下几点：

首先，学校在组织学生到工厂、农村等地参加生产劳动和社会实践、参观学习前，班主任老师要对学生进行有关的安全教育，特别要强调遵守劳动纪律，服从集体管理，听从老师指挥。在劳动过程中，学生要在专人带领下在指定的范围内活动，未经允许不得进入危险地带，不得动用工厂或其他所在场所的任何设施、设备、工具和材料等。

其次，学校组织学生劳动，应当事先详细检查并了解劳动场地与环境的安全情况和劳动工具、设备的状况，以便做好防范。学生在参加植树等义务劳动时，应当注意正确使用铁锹、锄头等劳动工具，防止碰伤其他同学，更要严禁拿这些工具打闹、开玩笑。

再次，学校在组织学生劳动时，不要安排体弱多病的学生参加过重的体力劳动，还要适当安排在生理期间的女生休息。

最后，活动结束后，带队老师应当清点学生人数，确认无误后，再组织学生有秩序地返回学校，确保学生高高兴兴地出去，平平安安地回来。

小贴士

学校开展实践活动，组织学生种植树木，学生不仅可以到户外呼吸新鲜空气，而且春天的美景可以陶冶学生的情怀，深受学生喜爱。这本是好事。但若在这期间造成学生受伤，便得不偿失了。学生到达活动目的地后，要跟随带队老师活动或分组活动，不能自由活动，以免发生危险；要正确使用劳动工具，严禁使用这些工具打闹、开玩笑，以免碰伤自己或其他同学；对现场的陌生、危险区域要十分警惕，要不断相互提醒，提高自我防护意识，以免不测；同时应注意保管好随身携带的物品，以免丢失。

相关链接

《中小学幼儿园安全管理办法》第三十七条

7.应如何避免学生野餐时引起森林火灾？

安全故事会

小杨、小林等四名学生同是某市中学初一（3）班的学生，且四人都是12周岁。某个周末，该班班主任组织全班学生去郊外野餐。小杨、小林等四名学生被分在了一组。到达目的地后，四个人高兴地玩起来。快到中午的时候，四个人的肚子都咕咕叫了，于是他们铺好塑料布，席地而坐，分享着各自从家带来的食物。这时，小杨说，我从家带来了生牛肉，咱们来个野外烧烤吧！四个人一拍即合，分头寻找干枯的树枝，聚成一堆，然后学着电视中的情形，将柴火点燃。由于当时风比较大，再加上树枝浪干，火星子噼里啪啦四溅，浪快便烧到了地上的枯叶，火势开始迅速蔓延。四人一见，十分害怕，赶紧用树枝扑打灭火。无奈火势越来越猛，浪是危险，幸好被山上的管护人员发现，赶紧组织人员才扑灭了大火。

安全博士讲堂

森林是我们国家宝贵的自然资源，但是每年都因火灾遭受巨大的损失，而在这些巨大的损失中，有相当一部分是由于人为的原因造成的。比如学生在野餐时就曾引起森林火灾。那么，大家在野餐时应注意哪些防火问题呢？

首先，班主任老师在组织学生参加校外活动时，应报学校或其他相关负责人批准，一般情况下不得组织学生开展具有危险性的活动。比如，由于未成年学生年龄比较小，缺乏基本的生活经验，在野餐时极有可能引发火灾，因而应尽量避免安排学生开展此类活动。

其次，学校在活动进行前，应对活动进行周密的组织和安排。这不仅包括对活动的过程和内容作好安排，还应当包括对拟开展校外活动的地点进行事先考察，对活动开展时的天气情况预先了解，对参与活动的教职员工的职责进行明确，对活动中可能发生的意外事故及其他意外情况拟定处理预案。以上案例中，如果班主任老师在活动的前一天事先了解到活动当天的大风天气而推迟了此次野餐活动，那么，这笔损失就可以有效地避免。

最后，发生森林火灾后，国家严禁学校、社会团体等组织未成年学生参加救火。这是因为未成年学生正处于成长期，思维还不够成熟，体力也比较弱，缺乏自我保护能力，在面对危机时，如果处理不当，极有可能会导致人员伤亡。因此，为了保护未成年学生的生命安全和合法权益，国家不允许学生参与救火，一旦发生火灾时，要组织未成年学生尽快离开火灾现场，保证他们的安全。

小贴士

在野外用火危险性较高，因此应尽量避免。学生要学会对自己的行为负责，不能为了一时玩得痛快而不计后果。学生在遇到森林火灾时，首先要辨清方向，并向逆风方向逃脱。其次要抢占有利地势，比如可以选择到无树、无草的光秃地带和火烧不到的地方躲避。此外，还要学会开辟"防火区"，如果有工具在手，逃跑又一时来不及的话，可以迅速将身边周围三米内的草割掉，使自己站在安全的空白地带当中。

相关链接

《中小学幼儿园安全管理规定》第二十九条

8.集体外出活动或旅游时，如何保障学生人身安全?

安全故事会

一个周末，某小学组织五年级学生到某公园游玩。该公园浪大，有浪多新开发的景点，游人也浪多。为了防止游人进入未开发景区，公园设置了警示标志以及防护网。同学们在老师的带领下高兴地赏花拍照。到中午时分，大家觉得有点累了，于是找了一块草地，坐下来休息。身体强壮的小涛很快就恢复了体力，就跟老师说想在这附近走走。老师没有阻止，只是告诉他不要走太远，要快点儿回来。于是小涛就一个人在公园里随意漫步玩耍。忽然小涛看到前方一处陡峭的山崖，半山腰上长着一棵结满了小小的红色果实的树。小涛很好奇，很想过去看看。可是在通往这座山的路边设置了防护网，并有警示语"游人不得入内"。然而，小涛抑制不住自己的好奇心，就设法穿过防护网，往山腰上爬。可是这座山太陡了，小涛爬到约4米高的时候，脚下一滑，顺着山体就滚了下来，造成身上多处严重擦伤，右小腿骨折。

安全博士讲堂

外出活动、旅游是增长学生见识、陶冶学生情操的重要方式。经常与大自然接触，多参加户外活动，可以开阔未成年学生的视野。但是，学校在组织学生外出活动或旅游的过程中一定要注意学生的人身安全，否则发生危险后不仅活动或旅游的目的无法实现，而且还会使学生遭受身体以及精神上的痛苦。那么，应如何避免学生在外出游玩或旅游时发生危险呢？

首先，公园作为公共场所，对游客负有安全保障的法定义务。为了确保游客的人身安全，公园应在未开发景区或者其他危险区域设置警示标语或者防护网，以防意外事故的发生。

其次，由于危险无处不在，因此无论何时何地，未成年学生外出游玩时都要把安全放在首位。在外出活动或者旅游时，未成年学生要学会控制自己的冒险欲望和过于强烈的好奇心，避免不计后果的行为。上述案例中，小涛不顾标志警示，硬是穿过防护网往山腰上爬，并最终导致了惨剧的发生。

最后，带队老师在组织学生外出活动或者旅游的过程中，要尽职尽责，切实保护好学生的安全。上述案例中，在大家都在休息时，小涛提出要在附近走走，但带队老师却没有阻止，只是告诉他不要走太远，要快点儿回来，这其实是带队老师极为疏忽大意的行为。因此，从某种程度上讲，带队老师对这个悲剧的发生也该承担一部分责任。

小贴士

未成年学生在外出活动或者游玩时，一定要紧跟老师或团队，千万不要自己四处乱走，以防走失。要严格按照游玩的路线观光，千万不要到景区未开发地段或者设置警示标语禁止的地域进行探险，这是因为未开发地段或者设置警示标语的地域大多地势险峻，没有任何防护设施，很容易发生危险。

五、掌握预防和处理意外伤害技巧

1.如何预防溺水的发生？

安全故事会

韩某是某中学初三年级的学生。某日中午，他和杨某等四名同学吃过午饭一起去学校，在经过人工湖时，见湖水清澈透明非常诱人，再加上天气太热，几个人一合计便脱了衣服一起下湖游泳。大约10分钟后，四人游到湖中一个小岛上小憩。

他们在小岛上面闲聊了一会儿，又继续下湖游泳。5分钟后，杨某和另两名同学又游回岛上休息，好半天他们才发现韩某没有上来，当时他们以为韩某在扎猛子，也就没有放在心上。又是几分钟过去了，他们左等右等还不见韩某浮出水面，几名同学开始有点儿紧张，一边大喊着，一边准备下水寻找。就在这时，他们突然发现在小岛下面冒出一股浑水，并有一只手在水中划了一下，紧挨湖边已经下水的同学赶紧伸手去拉，可韩某又沉入湖中。三名同学立即潜入湖底摸捞了一阵，但是什么也没摸到，他们一边继续在水里寻找，一边派一名同学上岸，骑车到附近的派出所求救，正在值班的民警迅速赶到事发现场，组织搜寻。直至下午4时左右，韩某的尸体才被找到，韩某的父母痛不欲生，很多人也跟着流下眼泪。

安全博士讲堂

游泳，是广大中小学生喜爱的体育项目之一，也是中小学生溺水的主要原因之一。而在每年发生的中小学生安全事故中，溺水是造成中小学生，尤其是农村中小学生非正常死亡的主要原因之一。这些溺水事故，给许多家庭带来了巨大的精神伤害和无法弥补的损失，也给我们敲响了警钟。

首先，学校要切实提高对中小学生安全教育重要性的认识，将学生安全工作的重心转移到预防上来，采取有效措施，强化学生安全教育管理和日常管理工作，坚决防止此类事故的发生。

其次，作为学生个人，为了确保自身安全，防止溺水事故的发生必须做到以下几点：第一，不要独自外出游泳，更不要到陌生或比较危险易发生溺水伤亡事故的地方去游泳。选择游泳场所时，要对游泳场所的环境，如该水库、浴场是否卫生，水下是否平坦，有无暗流、杂草，水域的深浅等情况了解清楚。第二，学生要清楚自己的身体健康状况，平时四肢就容易抽筋的学生尽量不要游泳或者到深水区游泳。同时，在下水前要先活动身体，如水温太低应先在浅水处用水淋洗身体，待适应水温后再下水游泳；镶有假牙的同学，应将假牙取下，以防呛水时假牙落入食管或气管。学生对自己的水性要有自知之明，下水后不能逞能，不要贸然跳水和潜泳，更不能互相打闹，以免呛水和溺水。第三，学生在游泳中如果突然觉得身体不舒服，如出现眩晕、恶心、心慌、气短等症状，要立即上岸休息或呼救。第四，学生在游泳中若小腿或脚部抽筋，千万不要惊慌，可用力蹬腿或做跳跃动作，或用力按摩、拉扯抽筋部位，同时呼叫同伴救助。

再次，若学生在游泳中溺水时，现场急救刻不容缓，而心肺复苏最为重要。在将溺水者救上岸后，要立即清除溺水者口腔、鼻咽腔内的泥沙等杂物，保持其呼吸通畅；同时要将溺水者的腹部垫高，使胸及头部下垂，或抱其双腿将腹部放在急救者肩部，做走动或跳动"倒水"动作。恢复溺水者呼吸是急救成败的关键，因此在学生溺水后应立即进行人工呼吸，对此可采取口对口或口对鼻的人工呼吸方式，情况严重的，在急救的同时还应迅速将溺水学生送往医院抢救。

小贴士

中小学生应注意不要一个人独自去游泳，游泳时必须要有老师或大人的陪伴，同时应注意不要在设置"禁止跳水"、"禁止游泳"标识的地方游泳；在游泳时不要打闹，更不要贸然进入深水区，以免发生呛水或溺水；在海边玩耍时，要带上救生圈，同时要时刻注意潮汐的变化规律，防止涨潮时被困在海中；发生溺水事故后，要立即呼救，少年儿童不能贸然下水营救；同时，要迅速拨打急救电话，救起溺水者后，按急救方法施救。

2.发现同伴溺水后该怎么办？

安全故事会

某日下午4时左右，某中学初二年级学生于某和陈某放学后在村子附近的闸口玩水。此时的闸口全开，水流湍急，不善水性的陈某刚下水就被水流冲到入江口水位较深的区域，慌乱的陈某和于某大喊救命。然而一艘横停在闸口附近采沙船正在作业，发出的噪音很大，其他人都没有听到呼救声。稍微会一点儿水性的于某见陈某在水中挣扎，慌乱之中跳入江中向陈某游去，但很快也没了力气，最终两人都沉入了江中。

安全博士讲堂

每年，中小学生因游泳发生意外死亡的事故不在少数，而其中有相当一部分是由于学生溺水后抢救不及时造成的。那么，中小学生在发现同伴溺水后该怎么办呢？

首先，中小学生在参加游泳活动时，如果发现附近有同伴溺水，要大声呼救成年人前来救人，而不能盲目地下水营救。这是因为中小学生力气比较小，即便是水性好，在水中救人也是很困难的。因此，很可能没把人救上来，自己又发生危险。其次，中小学生在发现同伴溺水后，要迅速准确地将救生圈、车胎、塑料浮板等救生工具抛向溺水的同伴，让他利用救生工具尽快脱险。如果溺水者的位置离岸较近，站在岸上的同学可将竹竿或绳子的一端伸给他，待溺水者抓住竹竿或绳子后，慢慢将他拉向岸边。

最后，溺水者被救上岸后，应让其平躺，头偏向一侧，协助其将口、鼻内的泥沙和水吐出来。假如溺水同学的呼吸很微弱或已经呼吸停止，要马上做口对口人工呼吸和在胸部正中进行压挤，帮助心脏恢复跳动。经过20～30分钟的抢救，溺水者也许会醒过来，眨眨眼睛或出现微弱的喘气。情况严重的，应在救人的开始就拨打"120"急救电话，请医生来现场救护。需要注意的是，不要一把溺水者救上岸就急着将其送往医院，这样溺水者有可能在途中丧失生命。

小贴士

学生在发现同伴溺水时首先要大声呼喊"救人"，并且要迅速准确地将救生圈、车胎、塑料浮板等救生工具抛向溺水同伴，让他利用救生工具尽快脱险。学生不得盲目下水营救溺水同伴，以免再造成不必要的损失。更为重要的是，学生应提高自己的安全防护意识，尽量在家长的陪同下去户外游玩。

3.如何预防烫伤和烧伤？

安全故事会

小宝是某小学四年级的学生。学校放寒假后，因为小宝的父母上班中午回不来给小宝做饭，于是就打电话让小宝去爷爷家吃饭。但是小宝想在家上网，所以就没去爷爷家。从未做过饭的小宝想自己开火煮一碗面，结果一不留神把一锅热水浇到了双脚上。小宝哭着给爷爷打电话。小宝的爷爷及时赶到，在邻居的帮助下，把小宝送注了医院。小宝被诊断为二度烫伤。

安全博士讲堂

烫伤和烧伤会给人带来很大的伤痛，而对于年龄尚幼的未成年学生来说，更是如此。烫伤和烧伤不仅会使未成年学生难以承受身体上的痛苦，而且烫伤和烧伤所留下的后遗症对于未成年学生来说更是一种精神上的折磨。因此，学生家长应特别注意学生的日常生活起居，预防烫伤和烧伤事故的发生。

首先，家长应尽量不让未成年学生自己做饭，必要时，可以叫外卖。这是因为未成年学生在这方面的经验比较少，稍有不慎，就有可能发生烫伤和烧伤事故，甚至引发火灾。若未成年学生坚持要自己做饭，也要熟练掌握使用炊具的正确方法。比如，打开热煲盖时要小心，避免被蒸气烫伤；煲柄和煲嘴要向内放，以免碰翻；外出前、电话响或有人探访等，切记要先关掉食炉及热水炉；拿取或运送盛满的热水煲、汤煲和刚煮热的食物或饮品时，应用隔热手套或毛巾垫着来隔热等。

其次，学生在使用家用电器时应选择正规厂家生产的合格家用电器。学生在接触电源插座或电器时，应保持手部干爽，以免触电。避免同一插座使用多种电器用品，令负荷过重。破旧电线需彻底更换，切记不要用胶布包裹爆裂的电线，以免发生触电或引发火灾。

再次，学生在沐浴时应注意，要先放冷水，后加热水来调节水温，以免烫伤。在使用热水袋时，盛水应不多于热水袋四分之三的容量，要塞好活塞，在确保热水袋无漏点及无破裂，并加上袋套后，方可使用。

最后，对于一些易燃物品如报纸、火柴、打火机或压缩式喷剂（像杀虫剂）等，切勿放在靠近火炉的位置，以免发生意外。同时，未成年学生应严禁在床上吸烟，以免引发火灾。

小贴士

烧伤和烫伤均可造成不同程度的后果，轻者可能是轻微的皮外伤，严重的可导致死亡。所以未成年学生要特别留意自己的日常起居生活，以减少意外发生。未成年学生要增强自己的自我保护意识，同时要掌握与之相关的救护知识，一旦发生烫伤或者烧伤，要立即进行正确的处理，从而把伤害减小到最低限度。

4.学生被开水烫伤怎么办？

安全故事会

小华是某小学四年级的学生。一个周末，父母有事都出去了，只剩下小华一个人在家。小华写完作业后，就拿出篮球在客厅里拍起来，一不小心把热水瓶打翻了，滚烫的开水浇到他的小腿上、脚上，裤腿和袜子冒着热气。小华痛得哇哇大哭。没办法，他只得哭着给妈妈打电话。妈妈马上赶回，将他送进了医院。医生说："是深度烧伤，肯定会落下伤疤。如果当时正确处理就不会这么严重了。"那么学生被开水烫伤后该怎么办呢？

安全博士讲堂

学生在日常生活中要谨防烫伤的发生；一旦发生了烫伤，学生也要学会正确处理，不能只顾哭闹，以免耽误救治时间，加重病情。具体而言，学生应注意以下几点：

首先，在日常生活中，学生经常会遇到被开水、热汤、热粥、热油、热茶、热咖啡、蒸气等烫伤的情况。学生应当对烫伤的程度和症状有所了解，比如轻度烫伤只是皮肤表面发红，可以自然痊愈，而烫伤较重时，就必须认真对待，绝对不能耽搁。

其次，一旦发生烫伤事故，学生要学会紧急处理。要立刻把被热水浸湿的衣服、鞋袜脱掉，观察烫伤的情况。如果伤势不是很严重，没有起泡，这时可以把烫伤的部位浸入干净的冷水里，以减轻疼痛，或者用冷毛巾敷烫伤处，也可以用干净的布包裹好，需要注意的是，此时千万不要把皮肤表面的水泡弄破，也不要把表皮弄破，以免引起细菌感染。为了防止起泡，可以立即往烫伤处涂抹醋，或芝麻油、凡士林、止烫膏等，也可以把烫伤部位浸泡在食盐水中，这样能起到消炎止痛的作用。此外，将生鸡蛋清和蜂蜜各一半混合在一起，均匀涂抹于烫伤处，也能止痛消炎。如果伤势很重，已经起泡，此时需要在保护皮肤完整的同时，用冷水浸泡后立刻去医院治疗。

小贴士

学生被烫伤后，一定要镇定，不能慌张。要知道，烫伤后最重要的急救是减低伤处的热力及痛楚，同时要预防伤口受到细菌感染。在搬运受伤者时，应让伤者平卧，同时动作要轻，行进要稳。

5.如何预防中小学生被动物咬伤？

安全故事会

某日，中学初二年级的学生小虎在骑车放学的路上，忽然看到有一户人家的大门半开着，院内有一只大狗，于是不由得停下来观望。不料，这只狗看到有人在外面，顿时凶性大发，竟然挣脱了绳索跑了出来。小虎吓得上车就跑，结果还是被恶狗追上，将小虎的裤子撕烂，大腿处被咬伤。回到家，小虎的父母赶紧将小虎送到医院，打过狂犬疫苗后，小虎又住院半月有余。而在接下来的一年里，小虎也因身体上留有很大的伤疤而失去了进警校学习的机会。

安全博士讲堂

　　近年来，动物侵害致使中小学生伤亡的事件时有发生。动物虽然是我们的朋友，但动物毕竟不同于人类，它具有野性的一面，而且随时都有可能发作出来。因此，中小学生在与动物接触时应注意防止被其咬伤。

　　首先，学校和家长要对中小学生进行相关的安全教育，告知学生被动物咬伤的严重性、动物发怒时有哪些危险信号、如何避免被动物咬伤以及一旦被动物咬伤怎样急救等知识。

　　其次，中小学生在与动物接触时不要挑逗、伤害它们，要了解动物的习性，和动物和谐相处。即使是在和动物玩耍时也要和动物保持安全的距离，尽量不要和动物有直接接触，更不要作出抚摸动物或者其他亲昵动作，这是因为有些动物可能不一定理解这些"好意"，其在戒备心的支配下常会攻击行为人，尤其当行为人为生人时。受到动物的攻击，轻者会受伤流血，重者还会患上其他疾病，或是患上破伤风甚至狂犬病，造成生命危险。

　　再次，对于一些流浪狗、流浪猫等，学生应避免与其有亲密接触，这是因为与卫生状况不好的流浪动物"亲热"，除容易遭到动物的突然攻击外，还容易造成传染病的发生；而对于一些危险性比较大的动物，如大型狼狗等，中小学生应尽量避开，切忌不能招惹，因为有时某些动物看似距离很远，可是一旦其野性"爆发"出来，瞬间就有可能到你的身边；此外，在昆虫繁盛的季节，中小学生还要注意预防有毒昆虫的叮咬，如马蜂等。当然要避免这些昆虫的伤害，最根本的方法就是远离和不去招惹它们，如不要捣马蜂窝。

　　最后，需要注意的是，遇到动物突然袭击时，中小学生必须有所防备，可以以书包、木棍、衣服等做武器，坚决抵挡，避免被动物伤着身体。一旦不幸被动物咬伤了，在紧急处理好伤口的同时，要立刻去医院处理，按照医生的意见，及时注射狂犬疫苗和消毒处理。

小贴士

为了防止动物咬人事故的发生，动物的饲养人或者管理人要对动物采取安全措施，不要让它们乱跑，以免发生伤人事故。学生也不要出于好奇而挑逗动物。无论何时，学生们要将安全意识放在首位，和动物保持一定的安全距离，以免被动物咬伤。

6.学生应如何预防异物进气管？异物进气管后应如何处理？

安全故事会

放学路上，小强拿着刚买来的一枚纽扣欣赏，觉得很好看，就放入嘴里含着玩。恰恰在这时，一位同学从后面走来，猛地拍了他一下。小强一紧张，一下就把纽扣吸进气管内，顿时呼吸困难，脸色青紫，四肢无力，坐在地上。见到此情况同学们都吓坏了，立即将他送往前方的医院，医院马上采取措施，将异物取出，小强脱离了危险。医院说，如果再晚来几分钟，小强就可能窒息死亡，后果是很严重的。闻讯赶来的小强母亲对医生千恩万谢，领着小强回家了。

安全博士讲堂

气管是人呼吸的通道，如果误将异物吸入气管，就有可能引发咳嗽、呼吸困难、窒息，甚至危及生命。那么。中小学生应该怎样预防异物进入气管呢？异物进入气管又该如何处理呢？

首先，气管异物一般是由于口腔误食进入的，所以中小学生在日常生活中不要将纽扣、玻璃珠、图钉等物含在嘴里，在写作业时，不要将笔帽、别针等含在口中，这样既不卫生，又容易发生危险。

其次，中小学生在吃东西时应注意不要同时做别的事情，更不要相互追逐、打闹，以免将口中的食物误吸入气管内。此外，中小学生在吃鱼的时候要格外小心。

最后，一旦有异物进入中小学生气管，应立即采取措施施救。急救的办法主要有三种：即背部拍击法、环抱压腹法和背部推压法。背部拍击法是指将患者头向下，用手掌根在患者两肩胛骨中间连续用力拍几下，异物就会从气管中出来；环抱压腹法是指站在患者的背后，两手握抱患者的上腹部，即肚脐上方一寸的地方，向内、向上挤压数次，直到把异物挤压出来为止；背部推压法是指让患者躺下（不能仰卧），用两手掌在患者的腹部向内、向上推压。通过挤压，异物就会被挤到口腔内。需要注意的是，如果进入中小学生气管的异物较大，或较危险，此时应立刻去医院治疗，不能耽误，以免造成严重的后果。

小贴士

中小学生在日常生活中应注意保持良好的卫生习惯和饮食习惯，以防异物进入气管，造成危险。一旦异物进入气管后，千万不能大意，更不能盲目地用手抠，而要及时去医院或找有经验的人帮助取出以免发生意外。

7.如何避免在游乐场受伤?

安全故事会

某日,9周岁的小欣和14周岁的表姐到游乐场游玩。在乘坐游园小火车时,小欣的安全带没有扣好,而游乐场的管理人员在小火车开动前也没有检查和发现。当火车刚出发不一会儿,小欣突然从座位上站了起来,兴高采烈地去摸轨道边的树叶。恰巧小火车转弯时,小欣一下子就摔倒了,扭伤了颈椎,身上多处擦伤、挫伤,造成了很严重的后果。

安全博士讲堂

近些年来,游乐业发展迅速,大大小小的游乐场遍布各地。而每逢假期或周末,也有越来越多的学生家长选择带孩子去游乐园游玩,这是因为到游乐场游玩一来符合中小学生好动的心理和生理特点,二来有助于锻炼学生的实践能力和与人交往能力。然而,近年来频频发生的游乐场安全事故不能不令人担忧。那么,我们应采取什么措施,确保游乐场的安全,避免中小学生在游乐场受伤呢?

首先,学校在组织中小学生到游乐场游玩或者家长带孩子去游乐园游玩之前,应当对他们进行相关的安全教育,提醒他们遵守各种游乐场规则,并让其认识到违反规则的严重性和危险性。

其次,游乐场必须配备必要的、充足的、有效的安全设施,建立健全安全管理制度和安全操作规程,并确保其严格执行,从而保障游乐设施的安全运营和游客的生命财产安全。对于中小学生参加的一些游乐项目,游乐场管理人员应当格外小心,应在确认中小学生全部系紧安全带后方可开机运行。

再次，中小学生在游乐场游玩时应自觉遵守游乐场的相关规定，并根据自身情况选择合适的游乐设施。有恐高症、贫血的同学，尽量不要使用惊险刺激性较大的游乐设施。在游乐设施运行过程中，不要中途解除防护装置，擅自跳离，或者把头、手和脚伸出防护栏外。此外，中小学生在游乐设施出现故障时一定要保持镇定，不要恐慌，要及时报警，并听从相关工作人员的安排，采取正确办法脱离危险或等待救援。

小贴士

中小学生在去游乐场游玩时应选择经国家检测合格，比较安全、正规的游乐场；并最好有家长陪同或老师带领，尽量避免单独行动；同时，中小学生在活动时要遵守游乐场的安全规定，参加每一项活动，都要严格按规定采取保险措施，例如系好安全带、锁好防护栏等，千万不要嬉闹或做出一些危险的举动。此外，中小学生在患病或身体不适时，不要勉强参加活动。

8.应如何避免学生到建筑工地等危险区域玩耍受伤？

安全故事会

某日中午，5岁的小明和6岁的小鑫趁大人午睡时，溜进了离家不远的建筑工地玩耍。结果两个孩子围着工地上搁置的搅拌机，有说有笑，有打有闹，玩得不亦乐乎。突然，小鑫在背后推了小明一下，小明的手指一下被卷进搅拌机压伤。经诊治，小明的手指为粉碎性骨折，留下了终生遗憾。

安全博士讲堂

建筑工地等区域环境复杂，事故隐患多，危险性大。为了确保生命健康安全，中小学生应避免进入此类危险区域。

首先，中小学生绝不能因一时贪玩、好奇而擅自进入建筑工地内；在必须经过建筑工地时，宁可绕道而行，也不能冒险横穿险象环生的建筑工地。具体而言，建筑工地上常见的事故隐患有：第一，刚拆迁的地方断墙残壁、危房多，碎玻璃、锈铁钉、垃圾弃物到处可见；备料的地方建材多，砖头、钢筋、预制水泥板堆放密集而且杂乱。第二，建筑工地施工时，大型机械多，如掘土机、打桩机、搅拌机、起重机遍布工地，稍不小心就会被撞伤。如果中小学生出于好奇擅自开动，后果更是不堪设想。第三，工地上的动力电路电压高、电流大，安装简易，长期使用绝缘层容易损坏，会发生漏电、短路，很容易造成触电与火灾事故。第四，工地上方随时都可能有坠落物，如砖块、工具等，因而极易发生意外伤害事故。

其次，中小学生应避免到投掷运动和足球运动的运动场地玩耍；对于采石、拆迁等现场，不要围观和观看；对于动物饲养场，也不要私自进入；在没有大人陪同的情况下，要远离水库、池塘、江、河、湖等区域，以防意外的发生。

最后，对于这些容易存在安全隐患的危险区域，相关的主管部门和责任人员应当竖立"此处危险，禁止入内"的警示牌；有必要的，应当设置防护网，从而确保中小学生的人身和财产安全。

小贴士

"安全第一，预防为主"已成为学生安全教育工作的共识。学生应增强自我保护意识，避免进入建筑工地、运动场、爆破现场、动物饲养场及水库、池塘、江河、湖等危险区域，以避免意外伤害事故的发生。

9.中小学生应怎样预防食物中毒?

安全故事会

　　某日放学路上，某小学四年级的学生小玉路过一个街头烧烤生鱼片的地摊时，停住了脚步。尽管烤鱼摊上苍蝇乱飞，但是小玉仍然抑制不住吃烤鱼的欲望。于是，他买了七条烤鱼一气儿吃下。可过了没多久，小玉就感到胃里难受、恶心、肚子疼，但他并没有太在意，回到家后躺在床上就睡觉。半夜，小玉开始持续高烧、大汗淋漓、抽搐、呼吸困难。小玉的妈妈连夜把他送进医院抢救，医生检查后说是食物中毒。在医院抢救了六天后，小玉才脱离了生命危险。

安全博士讲堂

　　食物中毒是指摄入了含有有毒有害物质的食品或者把有毒有害物质当做食品摄入后出现的急性、亚急性疾病。食物中毒是一种常见的疾病，而且会对人体健康和生命造成严重的损害。中小学生正处于身体生长发育的关键阶段，因此，预防食物中毒、保证健康成长至关重要。那么中小学生应当怎样预防食物中毒呢?

　　首先，中小学生应该养成良好的卫生习惯，饭前便后要洗手。这是因为，人的双手经常接触各种东西也较易沾染各种病菌，如果学生手上沾有致病菌，再去拿食物，被污染了的食物就会进入消化道，引发细菌性食物中毒，从而引起腹泻。

　　其次，中小学生在购买食品时，应当选择新鲜和安全的食品，同时要注意查看其是否已腐败变质。尤其是对于一些小食品，不能只因其包装或外表诱人就要买，在购买前应仔细查看其生产日期、保质期，是否有厂名、厂址、生产许可证号等标识。对于过期食品和没有厂名厂址的产品坚决不能购买，否则，不但容易中毒，出现质量问题也无法追究。

再次，中小学生在食用果品前要彻底清洗，生吃瓜果切记要洗净。这是因为瓜果蔬菜在生长过程中不仅会沾染病菌、病毒、寄生虫卵，而且还有残留的农药、杀虫剂等，如果不清洗干净，不仅可能染上疾病，还有可能造成农药中毒。

最后，中小学生在日常生活中应尽量不吃剩饭菜，如需食用，应彻底加热；不要吃霉变的食物、甘蔗等；不到没有卫生许可证的小摊贩处购买食物；不喝生水或不洁净的水。此外，也要注意加强体育锻炼，增强自身机体免疫力，抵御病菌的侵袭。

总之，中小学生应当从以上几方面入手，认真学习食品卫生知识，掌握食物中毒的预防方法，提高自我卫生意识，从而最大限度地减少食物中毒的风险，保证身体健康。

小贴士

学生在日常生活中应注意讲究卫生，确实把住"病从口入"这一关，不随意吃无照经营摊点的东西，不要生吃食物，或者吃没有熟透的食物。一旦感到身体有异常反应，要马上向家长、老师说明情况，火速去医院诊断抢救，不能耽搁。

扩展阅读

2010年3月23日，一男子在福建南平实验小学门口朝学生挥刀乱砍，造成了8死5伤的严重后果。行凶者后被学校门卫和路过的一名老师、一名晨练者和一名司机合力制服。该实验小学的一名体育老师第一个冲上去制止，用拖把打掉了行凶者的砍刀，随后其他几人冲上去将行凶者按倒捉住。事后据调查，该男子因爱情、事业不顺报复社会而制造了这起惨案。

2010年4月28日下午3时许，广东雷州一名正在病休中的中年男教师潜入雷州市雷城第一小学内，先后冲到该校教学楼5楼和6楼，用水果刀砍杀16名学生和1名教师。凶手作案后，跑到另外一栋教学楼4楼，企图跳楼自杀未遂，在与警方僵持一个多小时后被制服。

2010年4月29日早上9点40左右，江苏泰兴市中心幼儿园发生凶杀案，在该事件中受伤的人员一共为32名，其中学生29名，教师2名，保安1名。行凶者据说是因为拆迁问题迁怒社会，以杀害小孩报复社会。

2010年4月30日上午7点40分左右，山东潍坊一男子冲破值班老师的阻拦，闯入山东潍坊尚庄小学用铁锤打伤5名学前班学生，然后将汽油浇在自己身上并抱住两名学生点燃，学校老师奋力将学生抢出，该男子被当场烧死，5名学生被迅速送往医院救治。

2010年5月12日上午8时左右，陕西省南郑县一幼儿园发生一起砍伤儿童事件，造成7人死亡，20多人受伤。

从3月23日的福建南平校园血案，到5月12日的陕西南郑幼儿园砍伤儿童事件，在短短50多天的时间内全国发生了5起校园惨案，这就让整个社会都在思考这样一个问题——我们到底能够做些什么来保护我们的孩子？

校园安全防范是一项长期的社会综合治理工作，学校应当完备校园安全的各项制度，制定各类突发安全事故的应急预案，采取各种措施预防校园安全事故的发生。学校管理人员和教师也应当在日常的教学中把安全教育放在首位，着重提高各类突发安全事件的应急能力，教导学生在紧急状况下脱离危险的防身技巧。

问题

读完以上短文，你有什么感触？你觉得你所在的学校在教学、日常管理中存在哪些安全方面不足的地方？你觉得应该怎样改善？

第三章　交通安全常识及其防范

　　伴随着经济的飞速发展，生活水平的日益提高，参与道路交通的人、车、路呈现出了快速增长的势头，中小学生在上下学、探亲访友、外出游玩的过程中，或是走路步行，或者是骑自行车，或者坐公共汽车，或者是爸爸妈妈骑摩托车、开汽车接送，每天，参与交通已经成为他们生活中不可缺少的组成部分。然而，飞速发展的现代交通在为人们提供方便、舒适和享受的同时，也给人们带来了烦恼和担忧，并随时可能会给人们特别是未成年学生带来不幸和痛苦。交通安全现已成为当今社会的一个重要课题，它关系到千家万户的福祉，因此，全社会都十分关注交通安全的问题。

1.应如何避免学生在 道路施工路段受伤?

安全故事会

秦某是某中学初一年级的学生。某日晚自习后,秦某和几个同学说说笑笑走在回家的路上,突然,跌倒在一个坑内。原来,近期这条路正在进行整修,但未设置任何明显标志,也未采取任何安全措施。注日秦某路过该处时,都会注意脚下。今天由于和同学说笑,一不留神就摔倒了。后秦某被送注医院,经医生诊断,多处挫伤,住院治疗数周后才得以康复。

安全博士讲堂

近些年来,因道路施工导致学生受伤的事件时有发生。为了确保中小学生的人身安全,学校和学生家长应当加强对中小学生的安全常识教育,同时施工单位也应采取相应的安全措施,从而将该类伤害事故发生的可能性降到最低。

首先,学校应通过校会、班会、社会实践等多种形式开展交通安全知识讲座、演讲比赛、知识测验等活动,使青少年学生了解、熟记交通规则,提高自己的交通安全保护意识,并养成自觉遵守交通规则的好习惯,确保出行的安全。

其次,道路施工时,施工单位应当在施工路段设置明显的警示标志、绕行标志等,提示和引导人们避让风险,防范安全事故发生,确保行人和施工人员的人身安全。

再次,中学生在出行时应时刻注意路面状况,在遇有道路工程施工时，应当严格按照要求，远离施工现场，按照警示标志绕行，如果必须从施工场所附近经过，应当迅速通过，并提高警惕。一旦有危险来临，应当采取相应的自我保护措施，并向他人求救。

小贴士

中小学生在出行时应注意遵守交通规则，有人行通道的，须在人行通道内行走，没有人行通道的，须靠右边行走；不准翻越人行道、车行道和铁路道口的护栏；不准在道路上扒车、追车、强行拦车或抛物击车；遇有道路施工时，应按照警示标志选择绕行。

相关链接

《中小学幼儿园安全管理办法》第三十八条

2.学生应如何避免在穿越马路时被撞伤?

安全故事会

某日，某小学四年级的学生杭杭在马路北侧下了校车以后，在没有看清交通信号灯的变化和路面状况的情况下就开始由北向南横穿马路。这时，恰好一辆轿车由西向东行经该路段，驾车的司机看到小女孩突然从路边窜出来，吓了一跳，立刻紧急刹车。然而，由于惯性，车子还是把杭杭撞倒在地。杭杭被及时送注医院救治，所幸伤势不重，但医生表示仍需接受进一步观察治疗。

安全博士讲堂

现实生活中有很多中小学生在时间来不及的时候或者为了方便，都会抢行、横穿马路。而这时候就会破坏正常的交通秩序，干扰路上车辆的正常行驶，甚至造成车辆由于来不及刹车而将中小学生撞伤或撞死，或者由于司机避让而撞到别的行人或车辆。据此，中小学生上学放学的交通安全已成为广大家长普遍担忧的问题。为了确保自身安全，中小学生在穿越马路时要格外小心，以免发生意外。

首先，中小学生在通过路口或者横过马路时，要走人行横道或者过街设施。这是行人享有"先行权"的安全地带。在这个地带，机动车的行驶速度一般都要减慢，驾驶员也比较注意行人的动态。中小学生在没有人行横道的地方横过道路，要特别注意避让来往的车辆。避让车辆最简单的方法是：先看左边是否有来车，在没有来车时方可走入车行道；再看右边是否有来车，右边也没有来车时就可以安全横过道路了。对此，《中华人民共和国道路交通安全法》第六十二条作出了相关规定。

需要注意的是，中小学生在横过道路时不走人行横道，随便乱穿，或者在汽车已经临近时急匆匆过道路，都是十分危险的举动，中小学生切记要避免。

其次，学校应在学校的附近路口设置人行横道标线及相应标牌，同时安装"学校路段减速慢行"标牌及黄闪灯等，以便提醒从学校门口经过的车辆减速或停车。同时，对于年龄较小的同学上学或放学时最好有老师或者保安负责领导其安全穿过马路，或者由家长亲自接送，以免发生意外，造成终身遗憾。

小贴士

中小学生在穿越马路时，一定要仔细观察交通信号灯的变化及路面情况，确认安全后，再慢慢地穿过马路；不要为了节省时间或者干脆图省事横穿马路，或者出于跟风心理，随同别人一起横穿马路。存有侥幸心理的盲目行为最容易引发危险的事故发生。而对于一些年龄较小的学生，在上学放学时，家长最好能够接送，以免发生意外。

相关链接

《中华人民共和国道路交通安全法》第六十二条

3.如何避免广告牌掉下来砸伤路过的学生？

安全故事会

某日，某中学初二年级的学生小丽放学后和同伴们骑车回家。在行至某繁华路段时，突然一阵大风吹来，路边的广告牌摇晃了几下轰然掉了下来，砸到了小丽的肩膀上。同行的伙伴赶紧打电话给小丽的妈妈，小丽的妈妈闻讯及时赶到，把小丽送注医院。小丽在医院治疗20多天，共花去医药费2万多元才康复出院。

安全博士讲堂

在当前市场经济社会，很多商家为了宣传自己的商品或服务，除了通过新闻媒体宣传外，还经常委托广告公司制作巨幅的广告牌，挂在繁华地段来做宣传，这给他们带来了良好的宣传效益和经济效益。但是，由于商家以及广告公司往往不太重视广告牌的管理、维护与修缮，日久天长，广告牌掉下来砸伤路人的情况时有发生。那么，学生应如何避免此类事件的发生呢？

首先，商家以及广告公司作为广告牌的所有者和制作者在将广告牌挂上后，要负责对其进行管理、维护与修缮，不能只注重经济效益而忽视人的生命安全。一旦发现广告牌有松动、脱落等现象，应及时进行维修或更换，否则，一旦发生意外事故，商家以及广告公司都要承担相应的责任。

其次，市政城管等部门应定期或不定期地对广告牌的安全状况进行排查，一旦发现广告牌的安全状况出现问题，要督促和责成广告牌的所有人或者管理人对广告牌立即进行维护、修理，以免造成意外。

最后，中小学生应当增强自己的安全保护意识，在行走途中经过广告牌下时，要注意观察广告牌是否有松动、脱落现象，如果发现有上述现象，要及时避开，千万不要抱有侥幸心理或者出于逞强而从广告牌下经过，以免发生意外，造成不可挽回的损失。

小贴士

现代城市，高楼林立，巨幅广告牌随处可见，并已成为城市独特的风景。然而，由于一些广告牌年久失修，缺乏加固和维护，增加了城市的安全隐患。中小学生在上学或放学的路上经过广告牌时，要注意留心观察一下广告牌的安全状况，一旦发现广告牌有松动现象，要选择避开或绕行。同时，市政城管等部门也应督促广告牌的所有人或者管理人对广告牌及时进行维护和修理，以免造成意外事故。

相关链接

《中小学幼儿园安全管理办法》第三十八条

4.应如何避免学生违规骑车造成司机撞伤行人？

安全故事会

　　小伟是某中学初二年级的学生，平日骑自行车上学，他在班里学习成绩不错，但是纪律性较差。某日，小伟像往常一样骑车上学，哼着歌，将车骑得飞快。到达某路段时，小伟突然来个急转弯，正在前方行驶的轿车司机见状惊出了一头冷汗，赶紧转动方向盘避让。小伟是没事了，而轿车却由于避让刮伤了路边正在行走的一位老大爷。轿车司机停下车，叫小伟留下姓名和学校地址，然后赶紧开车送老大爷去医院，幸亏是皮外伤，经过包扎并无大碍。后经交警部门处理，认定这起交通事故是由于小伟违章骑自行车造成的，小伟应对此承担主要责任。轿车司机随后找到了小伟的家长，要求其承担应支付的医药费。小伟家长在赔偿了医药费之后，对小伟进行了严厉的批评教育，小伟这才深刻认识到不遵守交通规则的严重后果。

安全博士讲堂

中小学生正处于求知欲强、活泼好动的年龄，大多喜欢挑战和冒险带来的刺激和感受。因此，在日常生活中，我们时常看到骑自行车上学的中小学生车速较快，还有一些横穿马路甚至互相追逐、嬉戏打闹。这种情况给交通安全带来了威胁。一方面，中小学生有可能因此造成自己受伤，另一方面，还有可能造成中小学生与路人或者其他车与人相撞，引发交通事故殃及他人。那么，中小学生骑自行车上下学时应注意哪些事项呢？

首先，根据《中华人民共和国道路交通安全法实施条例》第七十二条第（一）项的规定，在道路上驾驶自行车必须年满12周岁。因此，中小学生如果未满12周岁，就不可以在道路上骑自行车。如果上下学的路途较远，应该由父母接送或者乘坐公交车。

其次，根据《中华人民共和国道路交通安全法实施条例》第七十二条第（四）、（五）、（六）项的规定，中小学生骑自行车转弯前应当减速慢行，伸手示意，不得突然猛拐，超越前车时不得妨碍被超越的车辆行驶；不得牵引、攀扶车辆或者被其他车辆牵引，不得双手离把或者手中持物；不得扶身并行、互相追逐或者曲折竞驶。上一案例中的小伟就是违背了不得突然猛拐的法律规定而最终导致了事故的发生。

再次，中小学生骑自行车上下学的，要经常检修自行车，保持车况完好，其中车闸、车铃是否灵敏尤为重要。中小学生自行车的大小要合适，不要骑儿童玩具车上街，也不要骑不适合自己的大型车。在划分机动车辆和非机动车辆的道路上，自行车应在非机动车道行驶，没有划分车道的道路，自行车应靠右边行驶，不要逆行。经过交叉路口时，要减速慢行，注意来往的行人、车辆，不要闯红灯。遇到红灯时要停车等候，待绿灯亮了再继续前行。

小贴士

中小学生骑自行车上下学既方便又快捷，同时又可以锻炼身体，是一举多得的事情。但是，中小学生在骑自行车时，一定要以安全为重，遵守相关交通法规。只有在遵纪守法、安全第一的前提下才能真正享受到骑车的快乐。

相关链接

《中华人民共和国道路交通安全法实施条例》第七十二条

5.应如何避免学生在滑旱冰过马路时撞伤行人？

安全故事会

某日，某小学四年级学生笑笑在做完家庭作业后，换上自己心爱的旱冰鞋来到小区里玩。但是由于在小区里玩耍的孩子很多，很拥挤，笑笑觉得不够尽兴，于是决定到附近的广场去玩。小区距离广场不是很远，笑笑滑着旱冰向广场奔去。快到广场的时候需要过一条马路，笑笑想反正一下子就过去了，于是飞速横穿而过。不料恰巧赶上骑自行车回家的李女士经过，笑笑来不及躲避，一下将李女士撞倒在地，李女士多处软组织挫伤，膝盖流血不止。

安全博士讲堂

我们鼓励中小学生多参加体育活动，包括滑旱冰，以促进其身心的全面发展。但是中小学生在运动时，也要选择专门的运动场地，不要在公共场所或者人群密集的地方玩耍，否则极易发生危险。

首先，滑旱冰是时下一项时尚的运动，很多中小学生都热衷于滑旱冰。由于滑旱冰具有速度快、灵活性强等特点，因此中小学生应该选择在空旷的场地或广场上进行以保证自己和他人安全。可是在现实生活中，有很多中小学生觉得自己玩得不错，有足够的控制能力，在马路上来回避让行人才够刺激。于是经常上马路滑行甚至成群结队，形成"刷街族"，这给交通带来了极大的安全隐患。根据《中华人民共和国道路交通安全法实施条例》的规定，行人不得在道路上使用滑板、旱冰鞋等滑行工具。这就表明，法律不允许行人在马路上滑旱冰。中小学生如果看到朋友、同学在马路上滑旱冰，要及时劝告制止。

其次，中小学生应提高自己的安全保护意识，认识到在马路上滑旱冰的违法性和危险性，即使旱冰场离家很近，去旱冰场的时候也不能穿着旱冰鞋直接滑行而去，而是要带着旱冰鞋到旱冰场，然后再换上旱冰鞋。此外，中小学生在去滑旱冰前最好要戴好护具，以减少摔倒时造成的伤害。

小贴士

马路是一个危险系数较高的地方，无论是在马路上滑旱冰还是玩滑板，都存在着一定的危险性。因此，中小学生应遵守相关法律规定，到指定的旱冰场或者市区的广场去滑旱冰，不要在马路上滑旱冰，更不能穿着旱冰鞋和其他人嬉戏打闹。同时，学生家长也要看管好自己的孩子，防止意外伤害的发生。

相关链接

《中华人民共和国道路交通安全法实施条例》第七十四条

6.如何避免学生无证驾车现象的发生？

安全故事会

　　李明是某市中学初二年级的一名学生。上个周末，李明的爸爸开车带着李明去游乐场玩。途中，爸爸将车停在马路边上去买水喝，临走前嘱咐李明坐在车里等，车上的东西哪儿也不要动。李明平日就很好奇，待其父刚走，他就坐到驾驶座上，尝试着扭动方向盘上的钥匙。哪曾想，汽车果真发动了。李明顿时急了，赶紧脚下踩刹车，却一时慌张踩到了油门。汽车嗖一下就飞了出去，把正在车前方的二人撞倒。李明在车上看到撞了人，慌乱地越发害怕，转动方向盘，汽车歪歪扭扭又撞到了路边的一家报刊亭才停下来，报刊亭主人也受了伤。

安全博士讲堂

　　现代社会随着经济的不断发展，私家车逐渐进入越来越多的家庭。现在，很多中小学生学会了开摩托车甚至汽车，而且在有些地区不会开车是会被同学们耻笑的事情。可是，由于学生年龄小，处理紧急情况能力弱，增加了社会交通的不安定因素。学校以及家庭应当及时对中小学生进行法制教育与交通安全教育，从根本上杜绝学生无证驾车现象的发生。

　　首先，中小学生无证驾驶肇事往往会造成极其严重的后果。例如案例中，李明出于好奇发动汽车，但汽车开动后李明由于驾车技术不熟练手忙脚乱，缺乏应有的应变能力，踩刹车却踩在油门上，致使汽车飞速行驶先后撞伤三人。李明是未成年人，而根据《机动车驾驶证申领和使用规定》第十一条规定，申请小型汽车、小型自动挡汽车、残疾人专用小型自动挡载客汽车、轻便摩托车准驾车型的，应当在18周岁以上，70周岁以下，因此未成年学生不符合申请驾驶证的条件，自然更不具备驾车上路的资格。

其次，学校要定期对中小学生进行交通安全教育，培养学生牢固树立法律意识，使学生掌握基本的交通规则和行为规范。同时，根据《中华人民共和国道路交通安全法》第十九条的规定，驾驶机动车，应当依法取得机动车驾驶证。以上案例中，李明作为一名未成年的学生，没有依法取得机动车驾驶证而驾驶机动车，这是严重违法的行为。学生们应充分认识到这种行为的违法性和严重性，并坚决杜绝类似行为的再度发生。

最后，作为学生家长，应当把好关。家里有车的，尽量不要让孩子早学开车，以免给孩子和他人造成不必要的伤害。家长用完车后，车钥匙要及时收好，千万不能把车交给孩子使用。以上案例中，李明的父亲在去买水的时候告诉李明不要动车上的东西，可见他已经想到了李明有可能会趁他离开的时候驾车，但他并没有把钥匙拿走，最终还是导致了事故的发生。因此，从某种程度上讲，李明的父亲也应该为事故的发生承担一定的责任。

小贴士

张扬个性是现代中小学生的一大特点。但是，有些学生曲解了个性的含义，认为在马路上骑摩托车放着很大的音乐，或者开着自己家的名车到学校炫耀就是张扬个性。殊不知，这些行为非但不是张扬个性的问题，也是很危险的，甚至是违法的。作为一名未成年学生，真正的张扬个性应该是在遵纪守法、符合社会发展的前提下作出的，应该是好好学习，刻苦锻炼，为长大以后贡献社会作准备。

相关链接

《机动车驾驶证申领和使用规定》第十一条
《中小学幼儿园安全管理办法》第四十一条
《中华人民共和国道路交通安全法》第十九条

7.如何避免学生乘坐
公共汽车时因拥挤受伤?

安全故事会

　　某日，某小学三年级学生涂飞的父母因有事放学时不能开车前来接他，就嘱咐他自己坐公交车回家。涂飞来到公交站，正好赶上下班高峰期，等车的人特别多。一辆公交车进站，等车的人一哄而上，涂飞挤了好几次都被挤离车门。涂飞无奈，只好等大家都上车后自己最后才上。哪知道身体还没有完全挤入车内，司机就急着关车门，结果将涂飞的手夹在车门中间。涂飞疼得惨叫一声，司机见此情形，赶紧开车门，并将涂飞送往医院，经诊断为右手骨骨折。

安全博士讲堂

　　我国是一个人口大国，各大城市更是人口密集。上下班是大家出行的高峰期，很多中小学生恰巧也在此时上下学。和身强力壮的大人相比，中小学生个小力单，乘车时经常会被人们挤来挤去，因而存在着极大的安全隐患。上海市就曾经发生过学生被人群挤入公交车下当场身亡的真实案例，这不能不给我们敲响警钟。那么，应该怎么样避免中小学生乘坐公共汽车时因拥挤而受伤呢？

首先，中小学生在车站候车时，要站在站台的安全线以外，切记不可越线，更不可跳下站台；学生上下车时，要有秩序，不要急抢拥挤，要防止车门夹身；不能从车窗出入；严禁将鞭炮、烟花等易燃、易爆危险品带上车。

其次，中小学生上车后，要找座位坐好，不要在车厢内随意走动、喧哗或嬉闹；不要将身体任何部位伸出车外；没有座位时，要双脚自然分开，侧向站立，握紧扶手，以免车辆紧急刹车时摔倒受伤。不要随意按动或搬动公共交通工具上的各种按钮、电器设备；乘坐无人售票公交车时，应遵守"前门上车，后门下车"的规定。

再次，中小学生如果在乘车时不幸发生意外受伤，要主动要求司机停车并将自己送往医院，还要及时与家人取得联系，以便家人及时赶来相助或采取救助措施。

最后，针对公交车拥挤的现状，交警部门可以在高峰期增设交通协管员帮助维持交通秩序，学校也可以将上下学的时间与上下班的时间错开，而中小学生则应尽量由家长接送或者乘坐校车上下学。此外，公交车司机或者售票员也应对乘坐公交车的中小学生予以特别照顾。

小贴士

公交车是大家出行最主要的工具，上下班高峰期乘车人数众多。中小学生此时乘车，要避免和人群相挤。中小学生在等车时要站在站台上，等公交车进站停稳后再上车。千万不要在站台以外的地方等车，也不能在公交车还未停稳时就着急上车。上车后有空位的要坐好，没有座位的要把好扶手或者扶稳椅背，下车时要等车停稳后再依次下车。

8.学生如何通过无人看管的铁路道口？

安全故事会

　　孙华是某中学初二年级的一名学生，每天上下学途中都要经过一条无人看管的铁路。某日，由于班级测验考得不错，放学后孙华高高兴兴地往家走。过铁路时，孙华没有左右张望就径直往对面走，就在快要穿过铁路时，一辆货车呼啸而来，说时迟，那时快，孙华想躲但已经来不及了，随即被火车擦挂，身体飞了出去，重重地摔在铁路边，重伤不醒。后来得知，当时孙华戴着耳机专心致志地听歌，并未事先察看铁道路口的车辆情况，只是按照以往这个时刻没有火车通过的生活经验来过铁路道口，谁料那天火车晚点，最终导致了悲剧的发生。

安全博士讲堂

　　我们国家的交通运输越来越发达和繁忙，相信很多中小学生所在的地区都会有铁路线，甚至有不少同学出行的时候会经过铁路道口。如果中小学生留心观察的话就会发现，铁路道口可以分为有人看管的铁路道口和无人看管的铁路道口两种。有人看管的铁路道口通常都设有相应的交通信号和设施，同时有专人看管；而无人看管的铁路道口则不具备这些条件，过路口时需要中小学生自己注意铁路状况。那么，中小学生怎样才能安全通过无人看管的铁路道口呢？

　　首先，根据《中华人民共和国道路交通安全法》第六十五条规定，中小学生在通过铁路道口时，应当按照交通信号或者管理人员的指挥通行，没有交通信号和管理人员的，应当在确认无火车驶临后，迅速通过。火车是高速运输的工具，载重量大，速度也很快，在紧急刹车后也需要很长时间才能够停下来，因此，一旦发生火车意外造成的伤害通常都很严重。为了自己，也为了他人的生命安全，中小学生在通过无人看管的铁路道口时，应当事先四处察看，在确认前后、左右都没有危险后，快速通过。如果看到火车距离较远时，千万不要抢行，而要原地等待火车通过后再快速通行。

其次，中小学生在通过无人看管的铁路道口时，千万不能疏忽大意漫不经心，不要在铁路上逗留太久，更不能出于对铁轨的好奇而驻足玩耍，如果是结伴同行，要严禁在过铁路道口时追逐玩闹。

再次，中小学生在过铁路道口时，不要打电话或者戴耳机听音乐，以免因注意力不集中而造成伤害；如果每天通过铁路道口的时间都一样，也要每天都注意观察，不能仅凭经验通行，因为火车难免会发生晚点的情况；如果遇到突发情况，中小学生千万不要因为慌乱而乱了分寸，要尽量保持头脑清醒，迅速做出反应。

总之，中小学生在通过无人看管的铁路道口时，要把安全放在首位，格外注意，避免以上行为，这样才能确保通行安全。

小贴士

火车是高速运输工具，尤其是在火车提速，高速磁悬浮列车开通，城际高铁、快铁相继开通以后。一旦发生危险，后果将不堪设想。因此，中小学生一定要时时处处以安全为重，不能抱着无所谓或者没什么大不了的心态，否则发生危险后将追悔莫及。

相关链接

《中华人民共和国道路交通安全法》第六十五条

9.学生乘坐飞机时应注意什么?

安全故事会

　　小虎今年9岁，是某小学二年级的学生。暑假时，爸爸妈妈带小虎乘飞机去海南三亚旅游。这是小虎第一次坐飞机，他高兴极了。在飞机起飞前的一个小时，小虎喝了一瓶可乐，后来又害怕到飞机上饿了，就又把妈妈带的红烧肉吃了。可是，飞机刚起飞不久，小虎就感到胃胀、恶心，并呕吐了两三次。后来，乘务员小姐告诉小虎的父母，这是小虎没有注意乘坐飞机的饮食要求所致。

安全博士讲堂

　　逢年过节，乘坐飞机出行已经成为很多人的选择。不过，长时间坐飞机并不是一件好受的事。不少同学反映，在坐飞机时都有腰酸背痛、头晕眼花等症状，那么，中小学生在乘坐飞机时应注意哪些事项呢?

　　首先，中小学生在上飞机前尽量不要饮用可乐、雪碧等碳酸饮料，不要食用豆子、洋葱、包心菜等多纤维和容易产生气体的食物。这是因为，在密闭的空间，一旦外界压力变小，里头的气体就会向外膨胀。要知道人体在5000米高空时，体内的气体较地面时增加了两倍。要是你吃了会胀气的东西，肚皮里就鼓鼓的，胀得很不舒服。同样道理，中小学生在坐飞机前也不要吃得太饱。吃得太饱，一方面会加重心脏和血液循环的负担，另一方面会引起恶心、呕吐、晕机等。太油腻和含大量动物蛋白的食物，如红烧肉、鱼、虾之类，也不要吃。这些食物在胃内很难排空，同样会使胃肠膨胀。当然，学生在坐飞机时也不能空腹。由于高度、气温、气压等因素的改变，飞行时人体需要消耗较高的热量。所以，饮食中要注意摄取高热量的食品，才能保障健康。一般在上飞机前1小时左右，可以吃点东西，如面包、点心、面条、酸牛奶、绿叶蔬菜、瘦肉、动物肝脏、蜜饯、水果等。飞行时不要穿紧身裤袜、系腰带，最好穿宽松衣物，换上软鞋。

其次，中小学生在感冒时尽量不要坐飞机，否则鼻塞症状会更严重，甚至流鼻血。坐飞机起飞和降落时，耳朵最受罪。因为压力的改变在起降的时候感受最明显，你甚至会听到"啵"的一声。特别是在准备落地时，耳朵会痛，有人甚至会暂时失聪。在飞机起降时，中小学生可以通过嚼口香糖或戴飞行耳塞来调整耳咽管两侧的压力差。

再次，中小学生在乘飞机前两天服用维生素C，以提高免疫力。高空飞行时，机舱内的空气得不到充分地更换，尤其是长时间飞行，机舱内的二氧化碳含量上升，负氧离子含量下降，加上有些旅客患有呼吸系统疾病，会使人感到空气浑浊。飞行也很容易使旅客发生脱水现象，坐的时间过长血液易滞于下肢，一旦起身，会感到一阵晕眩甚至昏倒。因此，中小学生可以在乘坐飞机前两天开始服用维生素C，每天大约500毫克，直到到达目的地为止，这样除了提高免疫力外，还可以有效地防止时差反应。

最后，中小学生在乘坐飞机时两条腿不要叠在一起，每经过一个小时左右都要起身活动一下，并转换一下坐姿，以促进下肢血液的循环。同时，要记得多喝水，以补充身体水分。此外，需要注意的是，对于患有严重的传染性疾病、呼吸器官疾病、胃病和耳鼻疾病的中小学生也不宜乘坐飞机，以免使病情加重。

小贴士

中小学生在乘坐飞机前，不要空腹但也不要吃得太饱，一般在上飞机前1小时，可以吃些面包、点心、酸牛奶、绿叶蔬菜、瘦肉、动物肝脏、水果之类的东西。为防范"经济舱综合症"，学生最好穿宽松的衣服，并不时调整坐姿，多喝水多上厕所多活动。对于年满12周岁但未满18周岁的未成年学生独自乘坐飞机时，为确保安全，家长可以为孩子申请无成人陪伴儿童服务。

10.学生乘坐轮船时应注意什么?

安全故事会

春节期间，曹某（15周岁）跟随爸爸妈妈回老家过年。由于正值春运期间，返乡的人特别多，而去注老家的轮船也只有一艘，他们到来时船舱里的座位已经坐满了，通道里也挤满了人。船长说他们可以坐到船舱顶上。曹某的爸爸去看了一下，发现舱顶上没有护栏。无奈船舱人太多，根本就无立足之地，再加上回家过节心切，他们便硬着头皮坐到了舱顶上。结果，轮船在靠岸时猛地一转，坐在舱顶的曹某由于没有抓住旁边的桅杆，瞬间被摔下跌在了甲板上，随即又摔进江里被滚滚的江水吞没。曹某的父母悲痛欲绝。

事后经调查，这艘客轮的最大承载人数为150人，而事发当天的承载人数将近300人，属严重超载，这也是悲剧发生的最主要的原因。

安全博士讲堂

轮船是重要的交通运输工具之一，如果在春秋季节乘轮船旅行，还可以饱览一望无际的大海美景。蓝色的海面、汹涌的波涛、翱翔的海鸥，可以令人心旷神怡。然而，在水上乘船也有一定的危险性。为了保证人身安全，中小学生在乘坐轮船时，一定要注意以下事项：

首先，中小学生乘坐轮船前，要作好必要的准备。要多备几件外衣，这是因为船在海上航行海风较大，温度较低，尤其是夜间温度会更低，备下衣物以便御寒。同时，乘坐轮船和乘坐其他公共交通工具一样，也要严禁携带易燃易爆危险品，如若看到别人携带时要予以劝阻或反映给船上的服务人员，以确保全船人员的生命财产安全。

其次，中小学生在乘坐轮船出行时应选择乘坐运输公司的大船，不要坐没有救护设施的个体经营的小船。而且，中小学生应避免在天气恶劣时乘船。这是因为轮船在大风、大雨、浓雾天气下很容易发生意外事故。中小学生在上船时要按照顺序，不要拥挤。如果是超载的轮船，一定不要上船，要坚持再等下一班。在与同学一起乘船出行时，注意不要在船上打闹，更不能在船头逗留或倚坐船头，以防落水。

再次，轮船在航行中遇到大的风浪，会出现颠簸，这时不必惊慌，要听从乘务人员指挥。不要乱跑乱闯、大声喧哗，以免引起全船人员的混乱，使船体失去平衡，造成不可预料的严重后果。尤其是乘较小船只在海上或江河上航行时，更是应当注意这一点。如果轮船在航行中发生局部失火、漏水或其他不安全迹象，应当尽快向乘务员报告，并立即采取补救措施。在搞不清情况前，不要大声张扬，以免引起全船人恐慌或影响全船乘客休息。

最后，中小学生若在轮船航行中不幸落水，一定要保持求生的信心。如果不会游泳，又没有救生衣，在水中应尽量采取仰卧姿势，使口鼻露出水面继续呼吸。呼吸要有技巧，要深吸、浅呼。同时要注意的是，在落水后不要脱衣服。有人以为脱下衣服可以减轻重量，实际湿衣服内有极细小的空气泡，会产生浮力。此外，中小学生应设法发出求救信号，如吹响救生衣上的哨笛，摇动色彩鲜艳的衣服等，使人们发现并及时救援。当然，有条件的中小学生在平时应当学会游泳，以备遇到紧急情况时派上用场。

小贴士

中小学生在乘坐轮船出行时，一定不要搭乘轮船吃水线明显低于水位或乘客拥挤的超载船只，不要坐缺乏救护设施、无证经营的小船；上下船时要排队按次序进行，不得拥挤、争抢，以免造成挤伤、落水等事故；不要在船头、甲板等地打闹、追逐，以防落水；不要拥挤在船的一侧，以防船体倾斜，发生事故；航行途中一旦发生意外事故，学生应按照工作人员的指示穿好救生衣，不要慌张，更不要乱跑，以免影响客船的稳定性和抗风浪能力。

11.如何确保学生在乘地铁时的安全？

安全故事会

李阳是某中学初中一年级的学生，由于他家和学校附近都有地铁站，比较方便，所以他每天都坐地铁上下学。一天，李阳见人很多，为了赶时间，他拼命地往人群里钻，终于钻到了人群的最前面。安全员提醒乘客要站在安全线以外等车，可李阳就装作没有听见。地铁列车进站时，在人群的簇拥下，李阳无法控制自己身体的平衡，一下子就被列车强大的气流卷到了铁轨下。人们急忙把李阳救出来，但因伤势过重，在被送往医院的途中就停止了呼吸。

安全博士讲堂

近些年来，地铁因其安全、快捷、准时、舒适的优势越来越受到城市居民和学生出行的欢迎。但是，乘坐地铁并不是绝对安全的，地铁由于所载人员多、车行速度快等特点，一旦发生危险，后果一般会比较严重。因此，中小学生在乘坐地铁时要特别注意安全。那么，中小学生在乘坐地铁时应注意哪些事项呢？

首先，中小学生在乘地铁时要听从安全员的指挥，站在安全线以外候车。这是因为地铁列车的运行速度很快，而地铁每一站的距离又很近。一旦越过安全线，就极有可能被呼啸而来的列车的强大气流卷到铁轨下，造成危险。因此，必须与列车保持一定的距离，等车时要注意看脚下的黄线，千万不能越过去。

其次，中小学生在乘坐地铁时，要自觉遵守乘车秩序，排队上下车，不要拥挤，更不能在人群中钻来钻去。在乘客过多时，要远离拥挤的人群，不要凑热闹，要耐心等待下一次列车。这是因为中小学生由于年龄小、体力有限，一旦发生拥挤，根本无法控制身体的平衡，非常危险。

最后，在地铁车厢里要站稳，不能一心二用，不要嬉戏打闹，不要逞强乱动，更不能睡觉，以免坐过站。

小贴士

中小学生乘坐地铁时一定要遵守乘车规定，候车时要站在安全线以内，上下车要按照秩序排队，千万不要拥挤，更不要逞能。上车后，有空位的要坐好，没有座位的要握好扶手，以免列车突然减速时摔倒或磕伤。

12.在马路边上跑步或打球会造成什么恶果？

安全故事会

李凯和孙立是某中学初中二年级的学生。某日早晨，李凯在楼下喊孙立到外面去跑步。孙立说去学校操场跑，李凯说学校操场太远了，坚持在马路边上跑。他跑了一会儿，到了一个拐弯处。突然，一辆大货车像喝醉酒一样，左右摆头地向他冲来，李凯被眼前的情景吓呆了，这时，从后面跑来一名交警，迅速抓住他的胳膊躲到了一米远的一棵大树后面。这时，只听"哐当"一声，大货车从刚才李凯站立的地方冲出去，撞在了树上。货车的前保险杆都被撞得变形了，货车司机也受了重伤，李凯非常后怕。事后经调查，该货车司机已经连续开车16个小时，属于疲劳驾驶。

安全博士讲堂

随着社会经济的发展，私家车、单位用车的数量与日俱增，这给人们的出行和经济往来提供了方便，然而，车辆数目的增多无疑增加了社会的不安定因素。近些年来，频频出现的交通事故让人担忧，尤其是对于中小学生来说，这无疑是一个巨大的安全隐患。在这种情况下，应该如何确保中小学生的生命安全呢？

首先，机动车驾驶人驾驶车辆要符合法律的相关规定。根据《中华人民共和国道路交通法》第二十一条、二十二条的规定，机动车辆的驾驶人在驾驶机动车上道路行驶前，应当对机动车的安全技术性能进行认真检查，不得驾驶安全设施不全或者机件不符合技术标准等具有安全隐患的机动车。同时，在道路行驶的过程中，机动车的驾驶人应当遵守道路交通安全法律、法规的规定，按照操作规范安全驾驶、文明驾驶。饮酒、服用国家管制的精神药品或者麻醉药品，或者患有妨碍安全驾驶机动车的疾病，或者过度疲劳影响安全驾驶的，不得驾驶机动车。

其次，学校和学生家长要加强对中小学生的安全教育，提高中小学生的安全保护意识，使中小学生掌握基本的交通规则和行为规范。中小学生在日常生活中，注意不要在马路上久停、追逐打闹，也不能在马路边散步、跑步、打球、玩滑轮车等。如果有同学提出在马路上玩，要委婉地拒绝，并劝说同学也不要在马路边玩。如果同学不听劝告，要及时告知老师或学生家长，以免发生意外。

现在，马路边的安全系数较之以前大大降低了，一方面，这与城市中车辆的骤增有关，另一方面，一些司机酒后驾驶、疲劳驾驶，有时会驾车冲上马路边；甚至冲上人行横道。因而中小学生切记千万不要在马路边跑步或者进行其他娱乐活动，以免发生意外。

相关链接

《中华人民共和国道路交通法》第二十一条、第二十二条
《中小学幼儿园安全管理办法》第四十一条

13.发生交通事故后学生应该怎么办？

安全故事会

某日早上7时许，某中学初二年级的学生王亮和注常一样骑自行车去上学。在行至某路段时要经过一个斜坡。该坡面比较陡，王亮正靠右侧吃力地骑着，忽然，常某从坡上飞驰而来，王亮躲闪不及，与常某的自行车撞在了一起，常某被甩了出去。两人爬起来后，除了身上有几处擦伤，均未察觉有其他不适，所以两人也都未报案，王亮随即到学校上课。当天晚上，当地的公安机关找到王亮及其家人，常某在下午觉得头晕，后被送注医院抢救无效死亡。常某的家属向公安

机关报案后，公安机关到事故现场查看，各种痕迹早已模糊不清，为责任认定带来了很大困难。

安全博士讲堂

发生交通事故后，交通事故当事人要及时报案，并保护好现场，以便交警部门正确认定责任事故。如果交通事故发生后没有及时报案或者没有报案，由于道路上车辆、行人很多，事故现场留下来的痕迹、证据等很快就会被破坏。在这种情况下，事故责任认定的难度就会加大，从而不利于事故的解决。作为中小学生，在现实生活中发生或者看到发生交通事故，应当及时报案，以便及时挽救自己或者他人的生命并及时作出事故处理。

首先，中小学生由于年龄都很小，所以面对纷繁复杂的社会，有必要学会一些救助手段。比如在交通事故发生后，如果中小学生懂得如何及时报警，就可以及时挽救自己或者他人的生命，将损失降低到最小。那么，在发生交通事故后，中小学生应如何报警呢？具体而言，可以采取以下三种方法：一是拨打122交通事故报警电话，在拨打电话时最好能够准确说出事故的地点，如果对事发地点不熟悉，也要尽量说出最近显眼的建筑物，以便使交警尽快到达事故现场。也可以拨打110，公安机关在接到电话后会派执勤民警迅速到达现场。二是如果有人员伤亡，记得要拨打120急救电话，要求医院派车前来，使伤者尽快得到救治。三是如果当时拨打电话不太方便，可以请求路人或路边过往的车辆协助报警。因为只有尽快报警，才能及时救助和保护现场，准确认定事故责任。

其次，中小学生在发生交通事故后，应尽快到医院进行检查，不能因为当时感觉身体无异常就掉以轻心。因为有些创伤当时表现不出任何症状，但一旦症状出现时就已经错失了最佳治疗机会。以上案例中，事故发生后，除了身上有几处擦伤，常某并未察觉出有其他不适，所以他当时没有报案，也没有到医院进行检查，但在下午常某开始觉得头晕，后被送往医院抢救但最终还是失去了生命。试想如果常某当时及时报案并去医院接受检查，悲剧或许就不会发生了。作为中小学生应该从中吸取教训，避免此类事件再次发生。

小贴士

中小学生在遇到类似车祸等危急情况的时候，首先要保持头脑的冷静和镇定，其次要迅速作出判断。中小学生由于年龄尚幼，自身力量弱小，可能无力对车祸亲身救助。但是可以拨打122或110向民警求救。以便及时将车祸中受伤的人员送往医院抢救，避免贻误救治时机，造成不可挽回的损失。

14.如何保障校车安全？

安全故事会

某日早晨6时40分许，黑龙江省某村村民驾驶一华丰牌中型客车，拉镇中心小学50名小学生及1名成年人，从所在的村出发，去注学校。在途经一座小桥右转时，由于车辆超载，车速过快，方向盘失灵，导致车辆向左侧翻，从距水面约3米高的桥上坠下，落入约1米深的河水中。事故造成8名小学生（5男3女）死亡，39名学生不同程度受伤，其中重伤7名。

事后经调查，该驾车者只拥有B2型驾驶证，不具备客车驾驶资格和营运资格。他所驾驶的客车定员26人，却拉载了51人，超载人员近一倍，属严重超员。

安全博士讲堂

据世界卫生组织的一份报告显示，在导致全球每年260万青少年意外死亡的各种因素中，车祸是位居首位的"第一杀手"。校车安全，关乎着千家万户，关乎着祖国"花朵"的未来。然而，在现实情况中，这一问题并没有引起一些学校的足够重视。面对近些年来频频发生的校车事故，学校务必要提高警惕并采取相应措施，切实保障校车的安全运营和中小学生的生命安全。

首先，学校应当按照国家规定的统一标准配备专用校车。国家质检总局和国家标准委联合发布的我国首部专门强制性国家标准《专用小学生校车安全技术条件》已经于2010年7月1日正式实施。依据该标准：小学生校车必须每座配备安全带，须安装"汽车黑匣子"，双层客车和铰接客车均不得作为校车；校车至少应设两个应急出口等。这意味着今后不得随意用公交车、中巴车等普通客车，甚至微型客车作为中小学生校车。

其次，学校应建立健全校车管理制度，定期对校车司机和随车照管人员进行培训和管理，以确保校车的合理使用和安全运行。根据《中华人民共和国道路交通安全法》第十九至二十一条的规定，校车司机必须依法取得机动车驾驶证，并按照驾驶证载明的准驾车型驾驶机动车。在道路行驶前，应当对机动车的安全技术性能进行认真检查，不得驾驶安全设施不全或者机件不符合技术标准等具有安全隐患的机动车。同时，必须遵守道路交通安全法律、法规的规定，按照操作规范安全驾驶、文明驾驶。严禁超载，要保障学生一人一座，不能为了多盈利或者因为孩子体积小就超载行驶。

再次，学校应与当地的交通管理部门合作，加强安全管理。如在每学期开学前，学校应当积极配合公安、交警等部门对校车进行安全检查。学校也可以在学生上下学时段请求相关部门适当增派警力，加强对学生周边道路和校车通行路段的安全管理，从严查处校车超员、超速行驶、酒后驾驶、疲劳驾驶等严重交通违法行为。

最后，学校应做好校车服务人员的安全教育工作，以及有关人员的校车安全宣传，集中进行安全教育从而提高校车司机、家长和学生的校车安全意识，将校车事故发生的几率降到最低。如在每年选择一周定为安全教育周，就是一个好办法。

小贴士

　　中小学生要提高自己的交通安全意识，不要认为校车就一定比其他车辆安全。学生在看到校车司机违规、超员、超速行驶、疲劳驾驶、醉酒驾驶等情形时应及时报告车上的照管老师。学生坐车时要系好安全带，不要在车上嬉戏打闹，不要与驾驶员闲谈或者妨碍驾驶员操作，也不要随意开启车门或者向窗外乱扔东西。学生在平日里要认真学习自救和应急知识，一旦发生事故，不要慌张，要保持冷静，服从指挥，有序地进行逃生和救护。

相关链接

　　《中小学幼儿园安全管理办法》第二十六条
　　《中华人民共和国道路交通安全法》第十九条、第二十一条、第二十二条

15.如何防止幼儿被遗忘在校车内？

安全故事会

　　5岁的童童是某幼儿园的一名学生。某日早7点10分左右，童童蹦蹦跳跳地上了去幼儿园的班车。当日17点左右，童童的妈妈给幼儿园打电话说要去接他，却被老师告知今天他没上幼儿园。童童的妈妈赶紧四处寻找打听，从一个校车司机那里才知道，童童刚刚被送到医院抢救去了。等童童的妈妈赶到医院时，童童腿脚已经僵硬发黑，满身污物。医院

诊断证明，童童被送到医院前已经死亡。

　　事后经调查，出事当天，童童被跟车老师遗落在了校车上，被关在闷热的车内长达数小时，不幸遇难，直到放学前才被发现。

安全博士讲堂

　　幼儿被遗忘在校车内导致死亡的恶性事故曾在社会上引起了极大的反响。由于幼儿园学生年龄尚小，属于弱势群体，此类事件的发生让父母对幼儿的安全更是担忧。那么，幼儿园应如何避免此类事件的发生呢？

　　首先，根据《中小学幼儿园安全管理办法》第三十一条的规定，小学、幼儿园应当建立低年级学生、幼儿上下学时接送的交接制度，不得将晚离学校的低年级学生、幼儿交与无关人员。使用校车的学前机构要建立教师跟车制度和收车验车制度，跟车老师负责在幼儿上下车时清点核对人数，校车驾驶员负责在收车锁门前检查车内幼儿是否已经全部下车。在以上案例中，该校车司机如果在锁门前再检查一下车厢的话，悲剧就不会发生了。

　　其次，学前教育机构应当随时与幼儿家长保持联系，告知家长幼儿日常的上学放学时间，提醒家长在孩子未准时回家时第一时间与校方联系。一旦幼儿园有其他安排需要调整上下学时间的，切记要和学生家长及时联系，做好幼儿接送工作。

小贴士

幼儿园学生年龄尚小，家长应尽量亲自接送孩子上学放学。如果没有时间亲自接送，应和幼儿园负责老师做好交接工作，一旦学生没有按时回家，应及时打电话询问学校的老师。学生也尽量不要离开老师的视线范围，尽量不要一人独处，发现车门关闭时要大声呼救。

相关链接

《中小学幼儿园安全管理办法》第三十一条

16.应如何避免校园内施工给学生带来的伤害?

安全故事会

吴某是某中学高二年级的学生。某日晚上10点左右，吴某上完晚自习课后，忽然想起白天晾在宿舍楼旁的衣服还没有收，就去收衣服。学校因施工在宿舍楼前挖了一个石灰坑，但是石灰坑旁并未设置任何防护设施，吴某在路过此地时不慎掉进了石灰浆中。瞬间，他双脚被严重烧伤，惨不忍睹。从这路过的同学发现后，马上拨打120将吴某送往了医院，但是已经造成了二度烧伤。

安全博士讲堂

为了确保学校工程项目的顺利实施和学校师生的生命安全，防止学校在工程项目实施过程中意外伤害事故的发生，学校应当采取以下措施：

首先，学校应当根据本校工程施工的特点，对中小学生进行相应的安全教育，使学生提高安全意识，掌握安全知识，自觉远离危险。根据《中小学幼儿园安全管理办法》第三十八条的规定，学校应当按照国家课程标准和地方课程设置要求，将安全教育纳入教学内容，对学生开展安全教育，培养学生的安全意识，提高学生的自我防护能力。

其次，学校应将安全施工纳入校舍安全重要议事日程，定期研究和检查本学校的安全施工情况，制定切实可行的办法和措施，交由专人负责，认真落实消除隐患。在选择施工单位时，应通过招标、投标等公平竞争方式选择有资质的单位施工，并通过各种形式强化其安全施工意识。

再次，学校施工应制定严格的施工安全技术方案，并严格执行。学校在施工过程中要认真排查事故隐患，消除危险因素。同时要严格划分施工区和教学区，施工现场实行封闭管理，施工机械作业必须在限定的施工范围内。同时，学校应当根据学生的活动范围，搭设防护通道，合理设置警示标志和绕行标志，提示和引导避让危险，严密防范安全事故的发生，确保在校师生和施工人员的人身安全。

最后，根据《中小学幼儿园安全管理办法》第二十七条的规定，学校应当建立安全工作档案，记录日常安全工作、安全责任落实、安全检查、安全隐患消除等情况。安全档案应作为实施安全工作目标考核、责任追究和事故处理的重要依据。

当学校内有工程施工时，中小学生应当严格按照学校的要求行走或活动，尽量避开危险区域，选择防护通道或者按照警示标志绕行。严禁中小学生私自进入施工现场观看和玩耍，以免发生意外。

相关链接

《中小学幼儿园安全管理办法》第二十七条、第三十八条

17.校园内也会发生交通事故吗？

安全故事会

某日，一名校外人员因事到学校找人，经门卫许可后，徒步进入校园。此人到校喝酒后，借朋友的摩托车在校园内兜风，随即将下晚自习的一名学生撞成重伤。送医院救治后，命虽保住了但留下轻度听力障碍，也留下了终生遗憾。家长认为，孩子是在校园里被撞的，责任应由学校负，因此在学生治疗期间，家长任何事情只找学校，而对肇事者的责任却避而不谈。您是否知道，在这起事件中，学校是否有责任，是否需要维权？若存在维权问题，学校该如何维权？

安全博士讲堂

　　现在，很多学校的校园面积都很大，校内交通复杂，而且也没有专门的交通管理人员，再加上学校人员集中，密度大，一旦遇上上下学的时间，很容易引起人流高峰，导致校园交通环境更加复杂，因而校园交通事故也时有发生。对此，学校千万不能疏忽大意，一定要切实做好校内交通安全的保障工作，确保学校师生的人身安全。

　　首先，学校应当建立严格的门卫制度，设专职门卫，确保值班室24小时都有人值班。禁止外来人员和机动车辆进入校园内。校园保安应当接受专门的培训，了解学校的安保和交通的特点，具有敬业精神，建立并执行学校的安全保卫记录。进入校园的车辆应当减速慢行，遵守交通规则，听从学校规定和有关人员指挥，不得随意停放和行驶。在上下学等人流高峰期时，学校应限制车辆的行驶。同时，学校不得出租校园内场地停放校外机动车辆，也不得利用学校用地建设对社会开放的停车场。

　　其次，学校应当加强对学生自行车的管理，由于我国目前中小学生上下学大多以骑自行车为主，尤其是在城市，这一现象更为普遍。学校应当将学生的自行车集中停放，有条件的学校，可以建立自行车停车场，定时开关，设有专人看管。学生进校后一般不得随意离校，确有需要离开的，应当由班主任老师出具证明，然后才能推车离校。校园内应禁止学生骑车，一进校门，学生必须推车前行。与此同时学校也应当经常对中小学生开展交通安全教育，使学生掌握基本的交通规则和行为规范。

最后，一旦发生交通事故，学校应当立即采取措施对学生进行救护，在校医院没有条件医治时，应及时将学生送往附近的大医院救治。还要注意保护好事故现场，制止其他学生围观，以免引起拥堵，以及对学生的心理也会造成不良影响。

小贴士

为了保证自身的安全，中小学生应当严格遵守交通规则。进入校园后，必须推车慢行，不得骑车或者单脚踩车向前滑行，不要尾追机动车，不要带人，不要嬉戏打闹、抛物或者进行其他妨碍交通的活动，以免造成危险，发生意外。

相关链接

《中小学幼儿园安全管理办法》第十六条、第十七条、第三十四条、第四十一条、第六十三条

扩展阅读

人们常说，交通事故猛于虎。老虎再凶，也只能一口吃掉一个人，而交通事故有可能一口吞噬几个甚至几十个人的生命。请看下面一组数据：

据统计，2006年，全世界交通事故死亡人数达50万人，其中中小学生占了10万多。而我国交通事故死亡人数则世界排名第一。我国每年交通事故死亡人数都在10万多人，平均每天死亡达300人，这真是一个比战争还要无情、还要残酷的数字。2006年11月14日早上6点，山西沁源县二中900多

个学生在公路上晨跑时，一辆大东风带挂货车向学生横冲直撞过来，造成21名师生死亡，18人受伤。当时公路上躺满了遇难师生的尸体，令人惨不忍睹。

这一连串触目惊心的数字背后，这一起起凄惨的事故背后，有多少家庭失去了亲人，有多少欢乐变成了悲剧，有多少幸福化为乌有！在每一起交通事故背后，常常是一个家庭失去了顶梁柱，是一个白发人送走了黑发人，是一个个孩子与父母阴阳两隔。

是什么原因导致道路交通事故频频发生？据交通部门调查统计，在所有的交通事故中，除极少数属意外原因造成的外，75%以上的事故是驾驶员或行人的人为因素造成的。引发事故的主要原因有无证驾车、超载、超速行驶、疲劳驾车、酒后驾车、强行超车、行人不遵守交通规则等。

综观各类交通事故，我们不难发现，我国交通事故频发的根本原因，就在于人们对生命的忽视，对交通规则的漠然。生命对于一个人来说，只有一次，我们应该爱护和珍惜。出入平安，这是大家都希望的。然而，很多人却为图"方便"或为了眼前的利益而违反交通法规。殊不知，许多交通事故的发生往往源于某些不经意的违法行为。在他们当中，有一部分人对交通法规不甚了解，对安全常识掌握不多，而有一些人是抱着侥幸心理，明知故犯的。所以学习和遵守交通法规是每一个人珍惜自己和他人生命、使交通秩序安全有序必须履行的义务。有人比喻，道路交通法规是用亲人的泪水、死者的血泊、伤者的呻吟和肇事者的悔恨换来的。

中小学生是道路交通行为中的弱势群体，因而也是受害最多的群体。所有人都要关心中小学生的交通安全，中小学生自己在参与交通的过程中，更要倍加注意珍爱生命，安全出行。

美好的人生从安全开始，只有保证了健康和安全，才能创造美好的未来，中小学生一定要培养文明交通意识，养成自觉遵守交通法规的良好习惯。同时还要当好交通安全的宣传员，向别人宣传交通安全法律法规，更要帮助家长提高交通安全意识。只要大家始终把交通安全牢记在心，落实到行动，安全才会伴着我们前行。

问 题

　　大家都来反省一下我们自己或身边同学的交通行为，是否曾经有过不遵守交通规则的时候？是否曾因自己不良的交通行为而给自己或他人带来过一些伤害？你决定以后怎么改正？

第四章　　消防安全常识及其防范

　　火是人类从野蛮进化到文明的标志。但火和其他事物一样具有两重性，一方面，火给人类带来了光明和温暖、健康和智慧，从而促进了人类物质文明的不断发展；另一方面，火也是无情的，具有很大破坏性，它可以使大自然的资源顷刻间遭到破坏，可以使人类创造的物质财富和精神财富一朝化为乌有，还常常无情地夺走人最宝贵的生命。因此，加强消防安全，防止火灾发生，永远是人类面临的现实问题。

一、火灾基本知识

1.什么是火灾？

安全博士讲堂

　　火是物质燃烧产生的光和热，是能量的一种。只有在可燃物、燃点、氧化剂三者并存的情况下才能生火，三者缺任何一者就不能生火。火是介于气态、固态、液态以外的等离子状态。

　　火灾是指在时间和物体上失去控制的燃烧造成的灾害。而燃烧是指可燃物与氧化剂作用发生的一种氧化放热反应，通常伴有火焰、发光或发烟现象。

　　物质燃烧的发生和发展，必须具备以下三个基本条件，即可燃物、氧化剂及温度（引火源）。只有这三个条件同时存在，才能发生燃烧现象，无论缺少哪一个条件，燃烧都不能发生。但是，这并不是说上述三个条件同时存在，就一定会发生燃烧现象，只有在这三个条件相互作用的情况下才能发生燃烧现象。

　　凡能与空气中氧或其他氧化剂发生燃烧化学反应的物质，不论是固体、液体、还是气体，均称为可燃物，可燃物大多是含碳和氢的化合物质，如木材、纸张、汽油、酒精、煤气等都属于可燃物。

　　凡能帮助和支持可燃物燃烧的物质，即能与可燃物发生氧化反应的物质称为氧化剂。氧化剂主要是指空气中的氧，这种氧称为空气氧，在空气中约占21%。可燃物质没有氧参加化合是不会燃烧的。如燃烧1公斤石油就需要10～12立方米空气，燃烧1公斤木材就需要4～5立方米空气。当空气供应不足时，燃烧会逐渐减弱，直至熄灭。当空气的含氧量低于14%～18%

时，就不会发生燃烧。另外，氟、氯等也可以作为燃烧反应的氧化剂。

温度（引火源）是指供给可燃物与氧或助燃剂发生燃烧反应的能量来源。常见的如明火、摩擦、冲击、电火花等。

在各种灾害中，火灾是最经常、最普遍地威胁公众安全和社会发展的主要灾害之一。人类能够对火进行利用和控制，是文明进步的一个重要标志。可以说，人类使用火的历史与同火灾作斗争的历史是相伴相生的，人们在用火的同时，也在不断地总结火灾发生的规律，尽可能地减少火灾给人类造成的危害。

2.火灾有哪些分类？各类火灾相应的扑救措施是什么？

安全博士讲堂

2008年11月4日由中华人民共和国国家质量监督检验检疫总局和中国国家标准化管理委员会发布并已于2009年5月1日实施的《火灾分类》（GB/T4968－2008）中，根据可燃物的类型和燃烧特性，将火灾分为A、B、C、D、E、F六类。

A火灾是指固体物质火灾。这种物质通常具有有机物质性质，一般在燃烧时能产生灼热的余烬。如木材、煤、棉、毛、麻、纸张等火灾就属于A类火灾。与此相对应，扑救A类火灾可选择水型灭火器、泡沫灭火器、磷酸铵盐反分灭火器、卤代烷灭火器。

B类火灾是指液体或可熔化的固体物质火灾。如煤油、柴油、原油、甲醇、乙醇、沥青、石蜡等火灾就属于B类火灾。与此相对应，扑救B类火灾可选择泡沫灭火器（化学泡沫灭火器只限于扑灭非极性溶剂）、干粉灭火器、卤代烷灭火器、二氧化碳灭火器。

C类火灾是指气体火灾。如煤气、天然气、甲烷、乙烷、丙烷、氢气等火灾就属于C类火灾。与此相对应，扑救C类火灾可选择干粉灭火器、卤代烷灭火器、二氧化碳灭火器等。

D类火灾是指金属火灾。如钾、钠、镁、铝镁合金等火灾就属于D类火灾。与此相对应，扑救D类火灾可选择粉状石墨灭火器、专用干粉灭火器，也可用干沙或铸铁屑末代替。

E类火灾是带电火灾，也即物体带电燃烧的火灾。与此相对应，扑救带电火灾可选择干粉灭火器、卤代烷灭火器、二氧化碳灭火器等。带电火灾包括家用电器、电子元件、电气设备（计算机、复印机、打印机、传真机、发电机、电动机、变压器等）以及电线电缆等燃烧时仍带电的火灾，而顶挂、壁挂的日常照明灯具及起火后可自行切断电源的设备所发生的火灾则不应列入带电火灾范围。

F类火灾是烹饪器具内的烹饪物（如动植物油脂）火灾。与此相对应，扑救F类火灾可选择干粉灭火器。

3.火灾的等级有哪些?

安全博士讲堂

根据2007年6月26日公安部下发的《关于调整火灾等级标准的通知》，新的火灾等级标准由原来的特大火灾、重大火灾、一般火灾三个等级调整为特别重大火灾、重大火灾、较大火灾和一般火灾四个等级。

特别重大火灾，指造成30人以上死亡，或者100人以上重伤，或者1亿元以上直接财产损失的火灾。

重大火灾，指造成10人以上30人以下死亡，或者50人以上100人以下重伤，或者5000万元以上1亿元以下直接财产损失的火灾。

较大火灾，指造成3人以上10人以下死亡，或者10人以上50人以下重伤，或者1000万元以上5000万元以下直接财产损失的火灾。

一般火灾，指造成3人以下死亡，或者10人以下重伤，或者1000万元以下直接财产损失的火灾。

在这里需要注意的是，通知中的"以上"包括本数，"以下"不包括本数。

4.火灾的危害有哪些?

安全博士讲堂

在各种灾害中，火灾是威胁公众安全和社会发展的主要灾害之一。在漫长的人类发展中，对火进行利用和控制，是人类文明进步的一个重要标志。火，给人类带来了文明进步、光明和温暖。但是，失去控制的火，也给人类造成了无数灾难。

事实证明，火灾对人类的危害是巨大的。它可以烧毁茂密的森林和广袤的草原，使宝贵的自然资源化为乌有，还污染大气，破坏生态环境；它可以烧毁人类经过辛勤劳动创造的物质财富，使工厂、仓库、城镇、乡村和大量的生产、生活资料化为灰烬，影响社会经济的发展和人们的正常生活；它可以烧毁大量文物古建筑等许多人类文明，毁灭人类历史的文化遗产，造成无法挽回和弥补的损失；它甚至还涂炭生灵，夺去许多人的生命和健康，造成难以消除的身心痛苦。特别是世界上每年都有许多儿童被火灾夺去生命，同时因儿童用火不慎引起的火灾也不在少数。

所以说，人类使用火的历史与人类同火灾作斗争的历史是相伴相生的，人们在用火的同时，也在不断总结火灾发生的规律，尽可能地减少火灾及其对人类造成的危害。随着现代社会和经济的发展，消防工作的重要性越来越突出。"预防火灾和减少火灾的危害"是对消防立法意义的总体概括，其主要包括了两层含义：一是做好预防火灾的各项工作，防止发生火灾；二是一旦发生火灾，就应当及时、有效地进行扑救，从而减少火灾的危害。

5.火灾的蔓延途径有哪些?

火灾的发生、发展就是火灾发展蔓延、能量传播的过程。热传播是影响火灾发展的决定性因素。热量传播有以下三种途径：热传导、热对流和热辐射。

热传导是指热量通过直接接触的物体，从温度较高的部位传递到温度较低部位的过程。影响热传导的主要因素是温差、导热系数和导热物体的厚度和截面积。其中导热系数愈大，厚度愈小，传导的热量愈多；反之亦然。

热对流是指热量通过流动介质，由空间的一处传播到另一处的现象。火场中通风孔洞的面积愈大，热对流的速度就愈快；通风孔洞所处的位置愈高，热对流的速度就愈快。热对流是热传播的重要方式，是影响初期火灾发展的最主要因素。

热辐射是指以电磁波形式传递热量的现象。当火灾处于发展阶段时，热辐射成为热传播的主要形式。

此外，火灾在建筑物之间和建筑物内部的主要蔓延途径有：建筑物的外窗、洞口；突出于建筑物防火结构的可燃构件；建筑物内的门窗洞口，各种管道沟和管道井的开口部位；未作防火分隔的大空间结构，未封闭的楼梯间；各种穿越隔墙或防火墙的金属构件和金属管道；未作防火处理的通风、空调管道等。

二、火灾的预防

1.容易引起火灾的火源有哪些?

安全博士讲堂

容易引起火灾的火源可以分为直接火源和间接火源两大类。其中,直接火源有三种,即明火、电火花和雷电火。明火,如生产、生活用的炉火、灯火、焊接火、火柴、打火机的火焰、香烟头火、烟囱火星、撞击或摩擦产生的火星、烧红的电热丝、铁块以及近几年发展起来的各种家用电热器、燃气的取暖器等;电火花,如电器开关、电动机、变压器等电气设备产生的电火花,还有静电火花,这些火花能引起易燃气体以及质地疏松、纤细的可燃物质起火;雷电火,即瞬间的高压放电,可引起任何可燃物质的燃烧。

间接火源有两种,即加热自燃起火和本身自燃起火。加热自燃起火是由于外部热源的作用,把可燃物质加热到起火的温度而起火。如木板、木器靠近火炉烟道等,时间长了,被烤热起火。还有如刚炒过的米糠、葵花子、中药材等堆积起来,极易聚热引燃起火;各种电气设备,由于超负荷、短路、接触不良等,形成电流骤增、线路发热而起火。本身自燃起火是指在既无明火,又无外来热源的条件下,物质本身自行发热,燃烧起火。如泥炭、褐煤、新烧的木炭和手套、衣服、木屑、金属屑和抛光灰等。以上这些都是可能引起火灾的火源,中小学生在日常学习、生活和科学试验中都可能接触到,但是,只要我们认识和掌握了火灾的存在和发生、发展的规律,认真对待,并且采取切实有效的措施,对它们严加控制和管理,就可以有效地预防火灾的发生。

2.防火的基本措施有哪些?

安全博士讲堂

　　（1）控制可燃物。控制可燃物是指用非燃或不燃材料代替易燃或可燃材料，或采取局部通风或全部通风的方法，降低可燃气体、蒸气和粉尘的浓度，以及对能相互作用发生化学反应的物品分开存放。

　　（2）隔绝助燃物。隔绝助燃物是指使可燃性气体、液体、固体不与空气、氧气或其他氧化剂等助燃物接触，即使有着火源，也因为没有助燃物参与而不会发生燃烧。

　　（3）消除着火源。消除着火源是指严格控制明火、电火及防止静电、雷击引起火灾。

　　（4）阻止火势蔓延。阻止火势蔓延是指通过采取措施，防止火焰或火星等火源窜入有燃烧、爆炸危险的设备、管道或空间，或阻止火焰在设备和管道中扩展，或者把燃烧限制在一定范围不致向外延烧。

3.居民住宅应如何安全用电?

安全博士讲堂

　　（1）合理安装配电盘。要将配电盘安装在室外安全的地方，切忌在配电盘下堆放柴草和衣物等易燃、可燃物品，以防保险丝熔化后炽热的熔珠掉落将物品引燃。同时，保险丝的选用要根据家庭的最大用电量，在保险丝发生故障后不能随意更换粗保险丝或用铜丝、铁丝、铝丝代替。有条件的家庭可以安装合格的空气开关或漏电保护装置，此种装置下，当用电量超负荷或发生人员触电等事故时它可以及时自动切断电流。

（2）正确使用电源线。家用电源线的主线应选用4平方毫米以上的铜芯线、铝皮线或塑料护套线，在干燥的屋子里可以采用一般绝缘导线，而在潮湿的屋子里则要采用有保护层的绝缘导线，对于一些经常移动的电气设备更要采用质量好的软线，而对于一些老化严重的电线要及时更换。

（3）合理地布置电线。居民住宅中接入电源应注意合理、规范布线，使其既美观又安全，能有效防止短路等现象的发生。

（4）正确使用家用电器。居民在使用家用电器前要认真阅读电器的使用说明书，弄明白其注意事项和维护保养要求。对于空调器、微波炉、电热水器和烘烤箱等家用电器一般不要频繁开关机，使用完后不仅要将其本身的开关关闭，同时还要将电源插头拔下。对一些电容器耐压值不够的家用电器，其在发热或受潮的情况下有时会发生电容被击穿而导致烧毁的现象，因此居民在日常生活中如果发现某电器的温度异常，应立即断电检查，排除故障，并要在线路中增设稳压装置。

（5）做好防火灭火工作。居民在离家或睡觉时，要检查电器是否已断电。有条件的家庭可以购置一个小型灭火器。除此之外，家里还应准备手电、绳子、毛巾等必备的防火逃生工具。一旦发生电器火灾，不要惊慌，先要及时拉闸断电，并大声向四邻呼救，拨打火警电话119，同时，用水、湿棉被或平时预备的灭火器迅速灭火。如果火势太大，要适时避险，切勿恋财，舍不得家具财物，失去逃生机会。要记住生命是最重要的，逃生要紧。

4.乱拉电线有什么危害？

安全博士讲堂

乱拉电线，就是不按照安全用电的有关规定，随便拖拉电线，任意增加用电设备。要知道，这样做是非常危险的。日常生活中常见的乱拉电线的情形主要有：把电线拖在地上，这样做的危害在于电线可能被硬的东西压破或砸伤，从而损坏绝缘体；在易燃、易爆场所乱拉电线，缺乏防火、防爆措施；为避人耳目，装线时往往不用可靠的线夹，而是用铁钉钉或铁丝绑，结果磨破绝缘体损坏电线；还有就是不看电线粗细，任意增加用电设备，使电线超负荷发热；等等。这些情况，极易造成电流短路，产生火花或发热起火，有的还会导致燃烧、爆炸，甚至引起触电伤亡事故。

5.学生宿舍内应如何预防火灾？

安全博士讲堂

学生宿舍内要预防火灾，必须做到以下几点：

（1）不在宿舍内私拉乱接电源线；

（2）不在宿舍内乱扔烟头；

（3）不躺在床上吸烟；

（4）不在蚊帐内点蜡烛看书；

（5）不焚烧书、衣服及其他物品，点蚊香要采取有效的防火措施；

（6）不在宿舍内存放易燃易爆物品；

（7）不在宿舍内使用热得快、电炉、空调等大功率电器，不使用电热毯、劣质电器等可能引发火灾的电器；

（8）不在宿舍内使用酒精炉、液化器灶具生火做饭；

（9）离开宿舍时记得要断电，在宿舍内嗅到电线胶皮煳味时，要及时报告，并采取有效措施；

（10）台灯不要靠近枕头和被褥。

6.常见家用电器在 使用中应注意哪些事项？

安全博士讲堂

（1）收录机。无独立电源开关的收录机在不使用时务必要切断电源，尤其不要带电过夜；高温季节收录机连续工作一般不得超过5小时，而且要避免液体进入收录机。在潮湿的季节还应定期打开收录机的盖子驱潮。

（2）洗衣机。严禁将刚用汽油等易燃液体擦过的衣服立即放入洗衣机内洗涤；要经常检查洗衣机电源引线，若发现引线磨损、老化或有裂纹时要及时更换；在洗衣时要避免将钥匙、硬币等硬东西随衣服放入洗衣机内；切勿超容量洗涤。

（3）无绳电话。在购买无绳电话时不要贪图便宜购买"三无"的劣质产品，要选择正规厂家生产的质量有保证的产品；在使用子机变压器时，要注意不能长时间充放，如长时间离家必须拔掉插座，而且子机变压器的附近也不要摆放报纸、杂志及打火机等，其变压器插座最好是专座专用。

（4）电取暖器。不要使电热取暖器与周围物品靠得太近，严禁直接将衣物放置在取暖器上烘烤，同时要注意接线与电器功率的配套，防止电取暖器在高电压或低电压下长时间运行。要注意防止绝缘层长期受热老化引起的短路，应设置短路、漏电保护装置。

（5）电风扇。每年在使用电风扇前都要检查电源线路是否有破损，开启电风扇时应在低速挡启动后再调到高速挡，电源电压要符合要求，并经常向油孔部位注射润滑油。

（6）电吹风。电吹风在通电使用时，人不能离开，更不能将其随手放置在台板、桌凳、沙发、床垫等可燃物上；电吹风使用完毕后，切记将电源插头从插座上拔下来；在遇到停电或出现故障时，也要拔下插头。

（7）电热毯。在购买电热毯时应选购经过国家质量检验部门检验合格的产品；电热毯必须平铺在床单或薄的褥子下面，不能折叠起来使用；离家外出或停电时，必须拔掉电源插头；电热毯接通电源30分钟后应将其调温开关拨至低温挡；不要在铺有电热毯的床上蹦跳；在使用收存过程中应尽量避免在固定位置处反复折叠打开；被尿湿或弄脏的电热毯，不能用手揉搓洗涤，应用软毛刷蘸水刷洗，待晾干后方能使用；电热毯的平均寿命为5年左右，在使用中如出现故障要送到厂家或维修店检修，修好后的电热毯，最好先通电观察2～3小时后再用。

三、火场自救与逃生

1.火灾发生后应如何报警？

安全博士讲堂

根据《消防法》第三十二条的规定，任何人发现火灾时，都应该立即报警。任何单位、个人都应当无偿为报警提供便利，不得阻拦报警，报警越早，损失越小。因此，一旦发生火灾要及时报警。严禁谎报火警。报警时应注意以下几点：

（1）要牢记火警电话"119"，在任何时候、任何地点拨打这个电话都是免费的，而且消防队救火也是不收费的。

（2）接通电话后要沉着冷静，向接警中心讲清失火单位的名称、地址、什么东西着火、火势大小以及着火的范围。同时还要注意听清对方提出的问题，以便正确回答。在通话结束前，应记得把自己的电话号码和姓名告诉对方，以便联系。

（3）打完电话后，要立即亲自或派人到交叉路口等候消防车的到来，以便引导消防车迅速赶到火灾现场。同时，要迅速组织人员疏通消防车道，清除障碍物，以便消防车到火场后能立即进入最佳位置灭火救援。

（4）如果着火地区发生了新的变化，要及时报告消防队，使他们能及时改变灭火战术，取得最佳效果。在没有电话或没有消防队的地方，如农村和边远地区，可采用敲锣、吹哨、喊话等方式向四周报警，动员乡邻来灭火。

2.火场逃生有哪些基本原则？

安全博士讲堂

（1）树立坚定的逃生信念。行为是受思想意识支配的。要做到顺利地从火场逃生，首先必须树立坚定的逃生信念，必胜的信心，并使之成为不论在任何艰难困苦的环境下，也能坚持的精神支柱。只有树立了牢固的逃生信念，在遇到火灾时才能保持强烈的逃生意识，增强必胜的信念，求得生路。

（2）争时间，抢速度。争分夺秒，迅速撤离是自我逃生的先决条件。从火势和烟气发展的规律可知，烟火的蔓延速度很快，而且烟气具有毒性，人在烟雾中停留时间过长，重者可能造成伤害以致死亡，轻者逃生也会受到极大妨碍。在火场上经常出现有人为个人财物等贻误逃生的案例，甚至还有人在逃生后，为拿物品而返回火场的现象，要知道这是极其危险的。

（3）逃生路线的选择要心中有数。盲目追随别人的慌乱逃窜，不但会贻误顺利撤离火场的时间，还容易造成众人"扎堆"进而引起骚乱阻碍逃生。因而每进一家新的宾馆、饭店，首先应查询紧急疏散安全路线，亲自走一趟，做到心中有数。理想的逃生路线应是路程最短，障碍少而又能一次性抵达建筑物外地面的路线。最好是再熟悉一条备用的安全疏散路线，这样才能做到有备无患。

（4）根据情况，灵活处理逃生、报警和灭火的关系。当火灾处于初起阶段，应采取报警、疏散老、弱、病、残人员和积极灭火扑救的行动。身体状况较好的青壮年人，不要一听到"着火啦"的喊声就立即只顾自己逃命，应协助查清起火点和火势大小，再作决断。火灾初起阶段，灭火最容易，所以此时应积极参与灭火和发出火灾报警。报警是求得消防控制中心和消防队救助的先决条件和关键措施，一定要不失时机地运用通讯设施向消防控制室报警。

（5）不要滞留在没有消防设施的场所。逃生困难时，可将防烟楼梯间、前室、阳台等作为临时避难场所，但要注意千万不可滞留在走廊、普通楼梯间等火极易波及而又没有消防设施的部位。

3.火灾逃生的基本方法有哪些？

安全博士讲堂

做好火灾逃生的基本要求是沉着冷静，充分利用各种消防设施，按照正确的逃生路线，应用有效的方法逃生或避难。在实际的火灾中，如果能将逃生的方法运用得当，就能顺利逃生。

（1）发现火情后要迅速行动，立即逃生，要知道火场逃生是争分夺秒的行动。正确的逃生办法应该是在听到火灾警报或者"着火啦"的喊声后，毫不迟疑，立即起床，穿衣或拿好衣服、钱物，关闭电源，跑出房间，关好门后进入过道，奔向楼梯间向下层疏散。如果救灾现场有广播，一定要仔细倾听，并按照广播指引的疏散路线和注意事项逃生。当无广播或人员指引疏散时，应选择距离近而直通楼外地面的安全通道疏散，以尽快逃到着火建筑物之外的地面。

（2）如果打开房门后发现走廊或楼梯间有烟气流动时，最好先返回洗漱间将衣服、毛巾淋水沾湿、掩住口鼻，放低姿势寻找安全通道逃生。除了正常的疏散通道外，一、二层的门、窗、阳台等处也是大可利用的安全出口。

（3）当楼梯口或下行通道被烟火封锁时，首先要弄清烟火弥漫的程度和必须通过的距离。如果必须通过的烟火区距离很短，火势很弱，一冲即可通过时，则应用水淋湿衣服，掩好口鼻迅速冲过去，也可以利用楼内楼房着火层的上部各层和以下各层；如果必须共用一个安全疏散通道时，则应首先让着火楼层的人员先行撤离，其次是着火层的以上各层人员，然后是着火层的以下各层。因为烟火一般向上部发展蔓延速度最快，上部会首先受到火势威胁。因此，当上层着火时，其下各层人员不要惊慌，不要与上层逃生人流争抢通道。

4.如何正确使用逃生器具？

安全博士讲堂

目前火灾常见的逃生工具主要有安全绳、救生袋等。那么，在遇到火灾时应如何正确使用这些逃生工具呢？

（1）安全绳：有的高层建筑和超高层建筑中一般备有安全绳。在需用时可以把安全绳的一头挂在窗口或阳台里侧的牢固物体上，人可以沿安全绳以大约每秒1米的速度下降。安全绳的救生高度最高可达四十层楼。紧急情况下，受困人员也可以将室内的窗帘、床单、被罩等连接在一起代替安全绳索逃生。限于安全绳长度难以到达地面的，受困人员可以借助绳索转移至下一层，逃离起火层。

（2）救生袋：火场逃生者只要钻进这条长口袋，周围的摩擦力足以使人安全地滑落到地面，从而逃离火场。

5.火场逃生应注意哪些事项?

安全博士讲堂

　　(1)火场逃生过程中注意不要选择房间内的床下、桌下、洗漱间和无任何消防设施保护的走廊、楼梯间、电梯间等处作为避难场所。这是因为这些部位即使暂时看不到火焰,烟气的熏、蒸也可以使人昏迷致死。

　　(2)火场逃生过程中注意不要乘坐普通电梯。电梯井直通大楼各层,烟、热、火很容易涌入。在热的作用下电梯极易失控或变形,而且烟与火的毒性或熏烤可危及人的生命,所以在火灾发生时千万不要乘坐电梯。

　　(3)在火场逃生的过程中及时关闭防火门、防火卷帘等防火隔离物,启动通风和排烟系统,这些极有利于受困人员的逃生疏散。

　　(4)不到万不得已,不要跳楼。据统计,在3层以上的建筑物上往下跳死亡概率极大,所以非到万不得已的情况,最好不要跳楼。若被火势威逼,万般无奈只得跳楼时,也要采取相应措施,尽量设法减少伤亡。比如,在往下跳时要多抱一些棉被、沙发垫等松软的物品,这样可以减缓着地时的冲击力;尽量选择往楼下的电话线、石棉瓦车棚、草地、水池或树上跳,这样可以相对减轻伤亡的程度;徒手跳时要抱紧头部,身体弯曲,抱成一团,避免头部着地。

6.发现室内发生火灾该怎么办?

安全博士讲堂

　　发现室内发生火灾后,千万不要急着闯入室内,要把门窗全部打开。

这是因为，房间内门窗关闭时，空气不流通，室内供氧不足，因此火势发展缓慢，一般情况下，只有大量的烟雾，却没有很高的火焰。但如果将门窗打开，新鲜空气大量进入室内，火势就会迅速发展。此外，由于空气的对流作用，火焰会窜出室外，造成火势蔓延，就会形成大面积火灾。

四、家庭消防安全常识

1.手机充电器长期不拔引发火灾怎么办？

安全故事会

　　某日，某小区三楼一住户卧室起火，浓烟从该寝室阳台上冒出来，阳台门处蹿出明火，隐约中还听到寝室内传出尖叫。得知着火后，物业管理人员赶紧疏散楼内居民，并拨打了119报警。随后消防队赶到，经过近一个小时的扑救，大火彻底被扑灭。但该起火卧室的墙壁和屋顶已被熏得焦黑，部分墙皮也已脱落。事后经调查，起火原因是该住户的一只手机充电器起火，该充电器已经在插座上插了3天。

安全博士讲堂

　　因手机充电器长期不拔而引发火灾听起来简直不可思议，然而，在现实生活中，由此而引发的火灾却不在少数。这对我们中小学生来说也是一个警示。

首先，家长和学生在选择手机充电器时应选择正规厂家生产的产品，不要贪图便宜而购买假冒、伪劣产品，以免在充电时发生故障，造成危险；手机充电器性能出现问题后，要及时维修或更换，不能不以为然，麻痹大意。

其次，即使正规品牌手机厂生产的手机充电器，如果长时间插在插线板上，也会发热，再遇上天气酷热，一旦遇到电路短路，极易引发火灾。因此，未成年学生在手机充电器充完电后要及时拔掉，而不能将其长时间插在插线板上。

最后，一旦发生火灾，应及时报警。报警时应沉着、准确地讲清起火所在地区、街道、房屋门牌号码或单位；要讲述清楚燃烧物是什么，火势的大小；要记得留下报警人姓名以及联系电话号码。

小贴士

中小学生在给手机充电时，应当按照说明书的要求进行操作，充电的时间不要过长。一旦电池充电完成，要及时从插线板上拔下，以免电路短路而引发火灾。

2.应如何正确使用电褥子？

安全故事会

去年寒假，15岁的小龙到乡下爷爷家去玩。由于爷爷家没有暖气，天气又比较寒冷，爷爷便拿出了一个电褥子让小龙取暖。小龙用完之后，发现电褥子有一块烧焦发黑，但他并没有在意，把电褥子折叠后放在沙发上，就回卧室睡觉了。当时爷俩睡得正酣，突然听到一声巨响，抬头一看，棚顶上掉下一生灰渣，房间内布满浓烟灰尘，火势正在蔓延，他们急忙跑出房间，拨打119报警。经过近10分钟的扑救，火势得到控制。事后经调查，这次火灾是由于烧焦的电褥子被折叠后缓慢燃烧，并引燃沙发后造成的。

安全博士讲堂

进入冬季，电褥子在很多地区尤其是在北方农村使用率很高，因之各地因电褥子引发的火灾也在逐年增多。为避免电褥子引发的火灾事故发生，中小学生要学会正确地使用电褥子。

首先，在购买电褥子时一定要认准正规厂家，把好质量关；对于已经使用多年性能已经不好的电褥子，应当及时更换，以免因其老化而发生危险。

其次，中小学生使用电褥子之前，一定要看清其使用电压与家庭或学校寝室的电源电压是否一样。试验证明，使用220伏电压的普通型电褥子长时间通电，其温度上升的快慢取决于电压变化、散热情况和电褥子材质及干湿情况。当电褥子温度上升到200℃时，褥面开始冒烟，当上升到250℃时开始冒浓烟并出现火苗从而引起火灾。

再次，中小学生在使用电褥子时应防止弄湿电褥子，以免破坏其绝缘性能，造成漏电。在使用时，应将电褥子平铺在床单或者薄的褥子下面，不能将其放在有尖锐突起的物体上使用，也不能折叠起来使用，以免折断电热丝、造成短路。在保存时应将电褥子卷成筒状，切忌折叠。

最后，中小学生应按说明书的要求使用电褥子，通电时间不能过长，电褥子使用完毕后要及时拔掉电源插头。与此同时，电褥子最好不要与其他热源（如热水袋、火炕等）同时共用，以避免造成局部过热，引发火灾。

小贴士

有条件的家庭或者学校，应当为中小学生集中供暖，确保学生度过一个温暖、安全的冬季。没有条件的家庭和学校应当加强对中小学生的消防安全教育，提醒中小学生按照说明书的要求正确使用电褥子等取暖设施，一旦发现有接触不良或烧焦处，一定要及时修理或更换，以免引发火灾，造成危险。

相关链接

《中小学幼儿园安全管理规定》第四十一条

3.厨房用电要注意什么？

安全故事会

16岁的小夏是某中学高二年级的学生。上个周末，爸爸妈妈都去爷爷家了，由于快要期末考试了，小夏一个人泸在家里复习功课。中午时分，小夏用电磁炉煮了一包面，结果忘记了把电磁炉关掉。这时，恰好与小夏住在同一小区的小李打电话来，约小夏一起去打篮球，小夏没有犹豫一下就答应了。玩了大约30分钟后，小夏突然想起刚才忘记关电磁炉了，便飞快地注家跑。赶到楼下时，发现自家厨房正不断注外飘出阵阵黑烟，他赶紧拨打了119电话。10分钟后，消防官兵赶到了现场，发现着火物正是处于通电状态的电磁炉，消防员随即关掉电源，打开厨房内的自来水龙头朝着火处上淋水，经过5分钟的扑救，火灾被成功扑灭。消防员指出，幸亏发现较早，要不然，后果将不堪设想。

安全博士讲堂

现在电磁炉、电饭煲、电炒锅等电器以其快捷方便、卫生和清洁等特点越来越受到广大家庭的欢迎。然而，近几年来，人们因使用这些电器不当而引起的火灾也时有发生。那么，中小学生在厨房用电时应注意哪些事项呢？

首先，湿手时不得接触电器和电器装置，否则容易触电；电灯开关最好使用拉线开关，以确保安全；灯头应使用螺口式，并加装安全罩。

其次，当保险丝烧断或出现其他故障时，切记不要用铜丝代替，这是因为铜丝熔点高，不易熔断，从而起不到保护电路的作用。

再次，在用完电饭煲、电炒锅、电磁炉等可移动的电器后应关掉开关，并将插头拔下，以防开关失灵。这是由于电器长时间的通电有可能会损坏电器，造成火灾。

最后，需要注意的是，一般家庭在正常情况下不宜使用电炉，如要用电炉应有专用的线路。不可用家用照明电路接电炉，因为这样电炉电热丝容易和受热器接触而直接或间接地造成触电事故。

小贴士

中小学生由于年龄尚幼，缺乏生活经验，因此应尽量不使用电饭煲、电炒锅、电磁炉等电器，以免因使用不当而发生危险。确需使用时，应严格按照使用说明正确使用，使用完毕后，切记关掉电器开关，并将插头拔下，以免因开关失灵而引发火灾。

相关链接

《中华人民共和国消防法》第二十七条

4.点蚊香时要注意什么?

安全故事会

　　某日夜晚，由于乡村蚊子特别多，小勇和爸爸为了驱蚊点上了蚊香，然后放下蚊帐上床睡觉。由于蚊香放在床附近，到了深夜时，蚊香不慎烧着了蚊帐，火苗沿蚊帐一直烧到了床上的被子，直到火烧到身上时小勇和爸爸才猛然惊醒。但由于床周围均是火，加上火势太猛，已无法逃离的小勇和爸爸被困在床上几分钟后，才被闻讯赶来的亲属救出窗外。

　　经医生诊断，小勇的父亲烧伤面积是28%，为一般二度烧伤，而小勇的伤势情况则很严重，全身烧伤面积达到了55%，其中有45%的面积为深二度烧伤，10%为三度烧伤，需要实施植皮手术。

安全博士讲堂

　　在炎热的夏天，许多家庭都要点蚊香驱蚊。蚊香火头很小，往往不会引起人们的注意。而事实上，点燃蚊香如果不注意防火也会酿成火灾，造成不可收拾的局面。那么，人们在点蚊香时应注意哪些事项呢?

　　首先，中小学生或家长在点燃蚊香时，应将蚊香放在远离窗帘、蚊帐、床单、衣服等可燃物的地面上，同时注意不要将蚊香放到窗台等较高的物体上，以免大风吹动将蚊香刮到可燃物上引起火灾。

　　其次，中小学生或家长在点燃蚊香时，应将蚊香固定在专用的铁架上，切忌将点燃的蚊香放在可燃物上。这是因为蚊香是用除虫菊等药用植物为原料，经过研制、调配加工而成的，具有很强的阴燃能力，点燃后虽没有火焰，但能够持续燃烧。燃烧时，其温度可达700℃左右。这种温度大大高于木材、纸张以及棉、麻、化纤织物等可燃物的燃点。如果将点燃的蚊香放在上述可燃物上，就会引起燃烧。

最后，睡觉之前，中小学生或家长要注意检查一下点燃的蚊香，在确认安全之后，方可去睡觉。

小贴士

中小学生独自一人在家时应尽量避免使用蚊香。当室内有易燃液体（汽油、酒精等）和可燃气体时，不要在室内点燃蚊香。使用蚊香时，应将蚊香放在金属支架上或金属盘内，并与桌、椅、床、蚊帐等可燃物保持一定的距离。离开卧室时，一定要把蚊香熄灭，以免留下后患。同样，中小学生在使用电蚊香时，也要将其放在远离纸、木桌等易燃物的地面上，不使用时，应该拔掉电源插头。

5.如何预防因燃放烟花造成的火灾？

安全故事会

孙旭是某镇中心小学四年级的学生。春节将至，孙旭的父母给他买了很多的鞭炮，孙旭高兴极了。一日，孙旭和村里的小伙伴们打赌，看能否用鞭炮将村头仓库的柴火点着。随即，孙旭把鞭炮点燃，将其从窗口扔入仓库，很快地，仓库内即冒烟起火。他们见真着了火，吓得拔腿就跑。事后经调查，这场火灾导致两名孤寡老人积攒的柴火被烧，村民寄放在这儿的两台发电机也被烧毁，3间仓库房屋倒塌。

安全博士讲堂

　　春节可以放烟花、放鞭炮，这大概是孩子们在寒假里最大的乐趣。然而，烟花爆竹在给大家带来乐趣的同时，却也有着不小的安全隐患。每年因燃放鞭炮导致中小学生受伤和引发火灾的事件不在少数，那么，应如何预防因燃放烟花造成的火灾呢？

　　首先，学生家长在购买烟花爆竹时要到指定的专卖店（摊）购买。安全燃放烟花爆竹，质量最关键。学生家长一定要通过正规渠道，购买合法厂家生产的产品，不要购买私人销售的伪劣品。

　　其次，烟花爆竹属于易燃易爆危险品，国家严格禁止携带易燃易爆等危险品乘坐公共汽车、电车、火车、轮船、飞机等公共交通工具，严禁在托运的行李包裹和邮寄的邮件中夹带烟花爆竹，每个人都要严格遵守。另外，学生家长在将烟花爆竹买回后，要将其存放在安全的地点，不要靠近火源、电源、热源，并要防止鼠咬，以防自行燃烧、爆炸。不要将其存放在潮湿的地方，以免烟花爆竹药物返潮。同时，应将烟花爆竹放置在幼儿伸手不易够着的偏僻地方，防止被儿童玩耍或受到猛烈地撞击而发生意外。

　　其次，在燃放烟花爆竹时要严格按照产品使用说明进行。燃放时，可将鞭炮用绳子系在一根长竹竿上，点燃引线后要迅速离开。如果中小学生燃放，家长一定要在一旁指导，切忌由中小学生自行燃放；在燃放向上升腾的烟花爆竹时，要注意其落地情况，如落在可燃物之上，并仍有余火，应立即采取措施，将余火扑灭或将残片移走。

　　再次，燃放烟花时一定要选择在室外空旷、平坦、无障碍的地方，千万不要在室内、楼道、阳台上燃放；不要在电线特别是高压电线的下面，以及工厂、仓库、公共场所、易燃房屋、建筑工地、草地、粮囤、加油站、天然气站及其他重要设施附近燃放烟花，以免引起火灾，造成安全事故发生。

　　最后，中小学生如发现点燃的烟花爆竹发生熄火现象，千万不要马上伸头去看或点火。这是因为，即使正规厂家生产的烟花爆竹，因运输、贮存等方面的原因，少数烟花爆竹也会略微受潮或炮引子引燃速度缓慢，从而导致烟花爆竹熄火或阴性燃烧。此时，一定要冷静，不要急于去捡拾烟花爆竹察看，更不要低头，以免烟花爆竹突然爆炸而导致中小学生受伤。

小贴士

　　每逢春节，农村、城市小区里中小学生燃放烟花爆竹的现象就会多起来。在此期间，家长一定要注意管束好自己的孩子，不要让其随意燃放烟花爆竹。中小学生在燃放时，要和燃放物保持一定的距离，并要提高安全警惕；在燃放一些大的烟花爆竹时，家长一定要在现场指导和监护，以免造成危害，发生火灾。

相关链接

《中华人民共和国道路交通安全法》第六十六条
《中小学幼儿园安全管理办法》第三十三条、第三十四条

6.中小学生应如何避免被电流击伤?

安全故事会

　　小宇今年9岁，是某小学二年级的学生，家住在镇上。一天放学写完作业后，小宇和他的小伙伴们一起捉蜻蜓玩。在追逐蜻蜓的过程中，他们进入到了某汽车配件公司的后院

草地上。眼看蜻蜓就要捉到了，小宇也跑到了变压器护栏旁边，他手中拿的捉蜻蜓的铁丝网碰触到了变压器，小宇当场被击倒在地，昏迷过去。小伙伴们赶紧跑去叫小宇的家长前来，将小宇送往了医院。经医院诊断，小宇的右上肢被电流烧伤，住院近30天才得以治愈，并因此花费医药费等共计3万元。

安全博士讲堂

在我们生活的周围，随处可见各种电线及电力设施。通常情况下，这些电力设施在主管单位的管理下，为我们提供电力服务，方便了我们的生活。但是，一旦管理出现疏漏，这些电力设施就会变成"电老虎"，不仅伤害人的身体，甚者还有可能夺走人的生命。那么，我们应从哪些方面着手防止中小学生被电流击伤呢？

首先，中小学生在日常生活中要听从老师和家长的教导，提高自我保护意识，学会自己保护自己，避免接触危险的电力设施，以免发生意外，造成损害。

其次，电线及电压设施属于具有高度危险性的事物，因此，各相关部门要做好日常管理工作，并且落实安全责任制，一旦管理出现漏洞，造成损害，负责的部门就要承担相应的责任。

最后，中小学生的父母作为自己孩子的监护人，要尽到对孩子管理、看护的义务。这是因为，中小学生年龄太小，认知能力有限，判断能力也有限，他们在面对事情时，往往不能有正常的预见能力，想不到可能会发生危险。即使是父母或老师以前告诫过某些事物或活动有危险，他们也有可能由于遗忘或者好奇而草率行动。在此种情境下，学生家长的看管就显得极为必要了。上一案例中，小宇作为一个9岁的孩子外出玩耍，父母没有尽到看护义务，因此对孩子发生的损害后果也应承担一定的责任。

小贴士

为了确保中小学生的生命健康安全，电力部门要管理好电力设备，不要让电发生"咬人"事件。社会、学校、家长都要对中小学生的身心给予及时的保护，家长更要尽到自己应有的监护义务，让孩子得以平安快乐地成长。否则，一旦造成中小学生的伤亡事故，不但孩子不幸，家人也是不幸的。

五、学校消防安全常识

1.是否有必要对学生宿舍的各种设施进行定期检修?

安全故事会

一天晚上，男生宿舍三楼305寝室的王某洗漱完毕后接着复习功课，其他三个室友先睡下了。这时，王某突然闻到一股烧焦的味道，四处看看，没发现什么异常，于是接着埋头做数学题。又隔10多分钟，王某突然感觉到有点异样，回头一看，发现自己的床铺着火了，床单、棉被等正在燃烧。很快又蔓延到他对面铺位男生周某的床上。王某一看不好，赶紧大喊："着火了! 快起床! "三人被惊醒。此时，周某已经被火包围，为了避免严重烧伤，情急之下从上铺跳到地面上，结果造成脚踝骨扭伤。后来，消防队赶来扑灭了这场突如其来的大火。经消防部门鉴定，这场大火是由于宿舍电线老化引起的。周某被送往医院，经检查，周某身上多处轻度烧伤，脚踝骨扭伤。周某的家长要求学校赔偿，后双方在教育行政部门的调解下达成协议。

安全博士讲堂

中小学生在学校学习、生活，需要学校提供合格的设施及配套设备。学校有义务也有必要对学生宿舍内的各种设施进行定期检修。物品都有寿命和使用周期，而平时学生很难发现某些物品已经出现了安全问题，比如已经松动的电扇等。而这只有通过专业人员进行定期检修才能发现，从而消除安全隐患，预防安全事故的发生。如果失于检修，这些设备出现问题而引发火灾造成中小学生人身或财产损害，学校必然要承担责任。

首先，根据《中小学幼儿园安全管理办法》的相关规定，学校应当建立校内安全定期检查制度和危房报告制度，按照国家有关规定安排对学校建筑物、构筑物、设备、设施进行安全检查、检验；发现存在安全隐患的，应当停止使用，及时维修或者更换；维修、更换前应当采取必要的防护措施或者设置警示标志。学校无力解决或者无法排除的重大安全隐患，应当及时书面报告主管部门和其他相关部门。同时，根据《中华人民共和国义务教育法》第二十四条的规定，学校应当建立、健全安全制度和应急机制，对学生进行安全教育，加强管理，及时消除隐患，预防发生事故。县级以上地方人民政府定期对学校校舍安全进行检查；对需要维修、改造的，及时予以维修、改造。

如果由于学校的失误，没有发现安全隐患，导致火灾发生，根据我国《学生伤害事故处理办法》第九条的规定，学校的消防等安全管理制度有明显疏漏，或者管理混乱，存在重大安全隐患，而未及时采取措施导致学生伤害事故发生的，学校应当承担相应的责任。上述案例中，由于宿舍电线老化引起火灾，导致学生被轻度烧伤和脚踝骨扭伤，学校自然要承担相应的责任。

其次，发生学生伤害事故，可以采取多种途径进行解决。一般情况下，协商和调解是比较省时省力的办法。根据《学生伤害事故处理办法》第18～21条的规定，发生学生伤害事故后，学校与受害学生的家长可以通过协商方式解决。如果双方自愿，也可以书面请求主管教育行政部门进行调解。双方请求调解的，应当向教育行政部门提交申请书，教育行政部门收到申请后，认为必要的，可以指定专门人员进行调解，并应当在受理申请之日起60日内完成调解。经教育行政部门调解，双方就事故处理达成一致意见的，应当在调解人员的见证下签订调解协议，结束调解；如果在调解期限内，双方不能达成一致意见，或者调解过程中其中一方向人民法院提起诉讼，人民法院已经受理的，应当终止调解。调解结束或者终止，教育行政部门应当书面通知当事人。对经调解达成的协议，一方不履行或者反悔的，另一方可以依法提起诉讼。

小贴士

在日常生活中，中小学生要注意观察宿舍内各种设备的安全状况，一旦发现设备有松动或摇动迹象，应及时向宿舍管理人员报告，请专业维修人员来维修。维修之前，中小学生要注意远离危险设施从而避免事故的发生。

相关链接

《中小学幼儿园安全管理办法》第十八条、第十九条、第二十条
《中华人民共和国义务教育法》第二十四条第一款、第二款
《学生伤害事故处理办法》第十八条、第十九条、第二十条

2.如何预防学生宿舍楼火灾的发生?

安全故事会

　　某日下午，南京市某中学女生宿舍发生大火，20多名女生被困3楼以上的宿舍。经同学报案，所在地区消防指挥中心立即调集两个消防中队消防官兵赶赴现场。消防官兵赶赴现场后，发现该栋女生宿舍楼共有5层，火情位于2楼。由于着火的女生宿舍棉衣棉被比较多，滚滚浓烟沿着楼道逐层向上方不断蔓延。这时，楼下的学生已然撤离，而楼上尚未上课的学生在发现有浓烟窜进楼道后，已经来不及撤离，很多女生只得关上门，并向楼下大喊救命。为了防止学生因惊恐而跳楼，消防官兵一方面用高音喇叭指导学生自救，另一方面派消防员上楼接应女生，先后从三楼、四楼接救出20名惊恐不已的女生。随后消防官兵冒着浓烟，将三层以上的所有房间逐个打开，搜寻是否还有学生被困。大火在15分钟后被扑灭，所有学生也全部获救，但是为了搜救被困学生，消防官兵花了近1个小时。

安全博士讲堂

　　根据《中小学幼儿园安全管理规定》的相关规定，学校应当落实消防安全制度和消防工作责任制，对配备的消防设施和器材加强日常维护，保障其能够有效使用，并设置消防安全标志，保证疏散通道、安全出口和消防车通道畅通。同时，《中华人民共和国义务教育法》也规定，学校应当建立、健全安全制度和应急机制，对中小学生进行安全教育，加强管理，及时消除隐患，预防火灾事故的发生。

火灾发生时，首先要全力解救被困的学生，同时在第一时间联络当地的消防部门。其次要切断宿舍楼的电源，以防爆炸。如果火势已经发展到不可控制的地步，这时切记不要再让人无谓地冲入火海救火，以免造成不必要的牺牲；同时也要注意安抚被困学生的情绪，指导被困学生进行自救，尽量拖延火势，等待消防部门的到来。

火灾救助完成后，要排查火灾发生的原因，并对相关的责任人员追究责任。造成学生伤亡的，学校还要做好相应的善后工作，安抚受伤学生和伤亡学生家长的情绪，并依据法律的有关规定进行赔偿。

此外，学校应重视日常对安全防火工作的宣传，完善重点防火部位的防火设施，留有消防通道，配齐配足灭火器材，落实值班制度，预防火灾事故的发生。一些有条件的学校，可以为学生在寝室安装自动灭火器，对于保障学生寝室安全很有必要。

小贴士

避免火灾的关键在于预防。学校应当对学生宿舍的电线、插座、灯头等经常进行排查。同时，学生在宿舍也应遵守学校的相关规章制度，不要随便使用电器、不乱扔烟头，不在宿舍内点蜡烛，不乱使用明火，力将事故隐患降到最低。在日常生活中，要注意熟悉逃生路线，了解逃生方法；当火灾发生时，一定要冷静面对，并根据不同的火情选择不同的逃生策略，这样，才能将火灾对自己的危害降到最低。

相关链接

《中小学幼儿园安全管理规定》第十九条、第四十条、第五十六条
《中华人民共和国义务教育法》第二十四条

3.如何对学生进行安全
用电教育？触电怎么办？

安全故事会

　　某中学是一所寄宿制学校。在该校公寓楼的二楼和三楼，配电盘成接龙的方式，从宿舍插座一直连到较远的地方。有些插座随意地在地上被踢来踢去。三楼一间宿舍有张空床，床板上一个配电盘通着电，插了四五台电脑的电源线插头。这样，本来一个很好的宿舍楼，却时时埋藏着安全隐患，令人不禁为之担忧。对此，公寓管理人员也显得很无奈。

安全博士讲堂

　　随着科技产业的迅猛发展，电脑、手机等高科技产品已经普遍进入人们的生活，为人们带来了很大的方便和快乐。然而，因电引起的突发事故也随之而来。一些同学在不了解安全用电常识的情况下，常会不在意地作出乱拉电线、乱接电器等危险行为，殊不知这样的行为会造成很大的危害，比如触电，甚至引起火灾。因此，对学生进行经常性的安全用电的教育是必要的，也是必需的。

　　学校应定期对中小学生进行安全用电教育，使中小学生深刻认识到安全用电的重要性，从而自觉规范自己的用电行为。同时，学校也应定期或不定期对集体宿舍学生用电情况进行检查，对于违反规定用电的同学，要进行教育，促其改正。

　　学校还应对学生宿舍的电器电线等用电设备进行定期检查。根据《中小学幼儿园安全管理办法》第二十条的规定，学校应当建立用电相关设施设备的安全管理制度,定期进行检查或者按照规定接受有关主管部门的定期检查,若发现有老化或者损毁的,要及时进行维修或者更换。

中小学生一旦触电,附近又无人救援时,一定要保持镇静,因为在此时是有可能自救的。在触电后的最初几秒内,人的意识并未完全丧失,这时中小学生可以通过用另一只手抓住电线绝缘处将电线拉出,摆脱触电状态;如果触电时电线或电器固定在墙上,可用脚猛蹬墙,同时身体往后倒,从而借助身体重量甩开电源。

如果发现其他同学发生触电事故,在保证自己安全的同时,应立即切断电源,或用不导电的物体如干燥的木棍、竹棒或干布等物促使触电者尽快脱离电源,进而进行抢救。在这里需要注意的是,救援的人绝不能用手去拉触电者,这样不仅会使触电者再次充当导体增加了电流的损伤,而且会使救助者发生危险,并影响抢救工作的进行。

当触电人员脱离电源后,首先要解开妨碍触电者呼吸的紧身衣服,然后检查触电者的口腔,清理口腔的黏液,如果有假牙,则要取下来。其次,立即就地进行抢救。如发现伤者呼吸困难,则可以采用口对口人工呼吸法抢救;若伤者心脏停止跳动或不规则颤动,此时可进行人工胸外挤压法抢救,注意期间绝不能无故中断。同时要注意保持现场有足够的照明和保持空气流通,尽快拨打急救电话,请医生前来抢救。

值得提醒的是,乱拉电线、乱接电器,会造成电线线头铰接不规范,线路供电负荷与电器负荷不匹配等情况,从而引发事故。因而中小学生在集体寝室,一定不要乱拉电线、乱接电器,以免造成无法挽回的恶果。

小贴士

在日常生活中,中小学生应加强对安全用电的学习,自觉规范自己的用电行为。同时,要学习和掌握触电后自救、救人的方法及技巧,从而更好地保护自身以及其他同学的生命和财产安全。

相关链接

《中小学幼儿园安全管理办法》第二十条

4.如何杜绝学生在宿舍违章使用电器?

安全故事会

　　某日6时，上海某学校女生宿舍楼发生火灾。宿舍起火后，有2名女生率先跑出去呼救，待转身回来救人时，发现宿舍门已经无法打开。由于火势浪大，这时留在宿舍的4名女生吓得跑到阳台上，后来见火势越来越大，慌乱中从6楼的阳台上跳下，4人均当场身亡。事后经调查，该火灾事故的发生是该寝室违规使用"热得快"所致。

安全博士讲堂

　　学生宿舍是一个集体场所，更是一个人口密度很大的聚居地，任何一场火灾都有可能造成极其严重的后果，带来无可挽回的财产损失和人身伤害。所以为了保护住宿学生的人身和财产安全，学校一般都明令禁止中小学生在宿舍内违章使用电器。然而在现实生活中，中小学生在宿舍内违章使用电器的现象却屡禁不止，由此而造成的悲剧也时有发生。这是很严重的问题。

　　首先，中小学生违章使用电器的危险性大、危害性重。一般而言，劣质电器多是"三无产品"，安全性不高、实用性不强，学生在使用过程中被烫伤、灼伤的事情时有发生。有些学生由于主客观方面的原因，忘记关掉电源或长时间持续违章使用电器而导致的火灾，不仅使学生和学校蒙受巨大的经济损失，而且也严重威胁师生的人身安全，危险之大不言而喻。有的劣质电器由于本身质量不过关，因此即使是正常使用，也会有爆炸、燃烧等风险，具有极大的安全隐患。

其次，现实生活中中小学生违章使用电器的现象屡禁不止的原因是多方面的。一方面，一部分学生由于学校安全教育力度不够，自身安全意识淡薄，懒惰心理严重，不顾他人与自身的人身及财产安全，认为违章使用电器是小事，并抱有危险不会发生的侥幸心理。另一方面，学校公寓提供的设施条件不能满足学生的实际生活需求，是导致校园中违章电器屡禁不止的另一个重要原因。根据《中华人民共和国义务教育法》的规定，学校应当建立、健全安全制度和应急机制，对学生进行安全教育，加强管理，及时消除隐患，从而预防事故的发生。

因此，学校要杜绝违章使用电器的现象，一要从制度上进行规范，明令禁止学生在宿舍内违章使用电器，并且对学生宿舍进行定期检查；二要从思想上教育学生，使学生深刻认识到在宿舍违章使用电器的危害性，增强学生的安全用电意识；三要改进学生的住宿生活条件，为学生提供方便的生活设施，从而从根本上杜绝学生宿舍内违章电器屡禁不止的现象。

小贴士

违章使用电器具有极大的安全隐患。因此，为了自己及周边同学的生命和财产安全，中小学生应杜绝在宿舍内违章使用热得快、电热毯、电暖锅等电器。同时，一旦发现周边同学有违章使用电器的行为，应及时向公寓管理人员反映，从而避免危险事故的发生。

相关链接

《中华人民共和国义务教育法》第二十四条

5.如何预防教学楼着火?

安全故事会

某日下午1时40分左右，某市第84中学教学楼突然起火，正在楼里上课的初三年级学生被紧急疏散，所幸未造成伤亡。该起火的教学楼一共3层，是1954年建造的前苏式老建筑，属于"闷顶结构"，起火的部位是楼顶，火灾中大部分房顶塌架。据调查，失火的原因是教学楼因为年代久远，楼顶上有几处漏雨。在对楼顶进行防水处理的施工过程中，因为工人的操作不当而引发火灾。

安全博士讲堂

由于学校教学楼是学生在学校学习、活动的最主要的场所，因此如果学校教学楼着火，而学校若缺乏有效的采取相应的应急措施的话，必定会造成重大的人员伤亡和财产损失。因此，学校应加强对教学楼的日常管理，加强对中小学生的安全教育并制定相应的应急措施。

首先，学校要加强对教学楼相关设施的检查和维护，防患于未然。由于教学楼的很多电力设备是天天工作的，很有可能年久失修，存在安全隐患，因而发生触电事件，甚至发生火灾。学校应当组织相关人员和部门，定期对教学楼的各项电力设备进行检修，对不适合继续使用的电力设备及时予以更换，对发生故障但仍可以继续使用的电力设备及时进行修理，排除安全隐患，防止悲剧的发生。

其次，学校要加强对中小学生进行经常性的安全教育，提高每名学生维护安全的意识，从自身做起，安全用电，避免教学楼失火等危险事故的发生。学校应该请专业人员将灭火器的使用方法和逃生技巧等传授给师生，确保每名师生都可以独立地使用灭火器以及迅速逃生。学校应制定相应的应急措施，并时常演练。为了防止教学楼失火时造成措手不及等情况的发生，学校应提前制定好相应的应急方案。

一旦遇上教学楼发生火灾，学生应听从老师的指挥，从安全通道有秩序地离开，且不可惊慌失措，乱了秩序。需要注意的是，中小学生在逃生时千万不要乘坐电梯逃生，因为电梯可能会因断电而停运，也可能因受热变形而将乘员困在其中；此外，电梯井会形成烟囱效应，烟雾直接威胁被困人员的生命。学生在逃生时最好用湿毛巾、衣服、布类等物掩住口鼻，以避免烟雾熏人导致昏迷。学校制定的应急措施应当具体实际，并结合每一次的演练进一步完善，尽可能做到在快速逃离的同时又能保证每一位学生的安全。

小贴士

作为学生，首先要遵守学校有关安全方面的规定，从自身做起，维护校园及自身安全。比如不用湿手触摸电器，不用湿布擦拭电器，电器使用完毕后要拔掉电源等。如果发现其他同学有不安全用电的行为要及时制止。其次要积极参加学校组织的相关应急措施的学习和实践活动，尽量掌握应对事故的方法以及急救措施，提高维护自身安全的意识和能力。最后，事故发生时，一定要听从老师的统一安排，不要慌乱，不可以盲目行动，以免造成更严重后果或影响学校整体救灾行动。

相关链接

《中小学幼儿园管理规定》第四十一条

六、主要公共场所火灾的逃生常识

1.影剧院发生火灾应如何逃生？

安全故事会

　　某日晚8时左右，某中学400多名师生正在影院举行汇报演出，不慎幕布起火引发火灾。由于4个疏散楼梯与其他楼层直接相通，中间未按要求设置防火门，致使大量有毒烟气迅速扩散到整个大楼的空间。加之工作人员盲目拉闸断电，致使整栋大楼漆黑一片。由于学校之前没有进行过消防方面的实战演习，以及影院逃生演练。当时火场学生拼命拥挤奔跑，现场乱作一团。最后，火灾造成了325人死伤，其中学生130多人，65人受伤，直接财产损失达275.3万元。

安全博士讲堂

　　到影剧院观看电影和话剧已经成为市民休闲娱乐的一种方式。然而，影剧院建筑物空间大、电器设备多、结构复杂，而且有相当数量的可燃物，在演出时常常处于人员高度集中的状态，一旦发生火灾，人多而疏散通道少，这就给人员逃生带来了很大困难。那么，如果一旦影剧院在放映和演出的过程中发生火灾，该如何逃生呢？

首先，选择安全出口逃生。影剧院一般都设有消防疏散通道，装有应急照明设备，并用醒目的颜色标有"出口处"或"紧急出口"等指示标志。中小学生平日去影剧院时要多注意观察，对影剧院的通道、紧急疏散出口等要了如指掌。由于影剧院营业高峰期间人员密集，灯光暗淡，一旦发生火灾，很容易造成人员拥挤，影响疏散。因此，一旦发生火灾，切记要头脑冷静，不要惊慌失措乱闯乱挤，要按照应急照明灯以及指示设施所指引的方向，迅速选择人流量较小的通道撤离。

当舞台发生火灾时，火势蔓延的主要方向是观众厅。厅内不能及时疏散的人员要尽量靠近放映厅的一端，并抓住时机逃生。当观众厅发生火灾时，火灾蔓延的主要方向是舞台，其次是放映厅。逃生人员可以利用舞台、放映厅和观众厅的各个出口迅速疏散。当放映厅发生火灾时，由于火势对观众厅的威胁不大，逃生人员可以利用舞台和观众厅的各个出口疏散。发生火灾时楼上的观众可以从疏散门由楼梯向外疏散，楼梯如果被烟雾阻隔，在火势不大时，可以从火中冲出去。此外，还可以就地取材，利用窗帘布等自制救生器材，开辟疏散通道。

其次，听从指挥，正确选择逃生路线。疏散人员要听从影剧院工作人员的指挥，切忌互相拥挤，乱跑乱窜，堵塞疏散通道，影响疏散速度。疏散时，人员要尽量靠近承重墙或承重构件部位行走，以防被坠物砸伤。特别是在观众厅发生火灾时，人员千万不要在剧场中央停留。

再次，逃生中要特别防止烟气中毒。统计资料表明，火灾中死亡的人有绝大多数是由于吸入毒性气体而死的。火灾现场燃烧产生的烟气中含有大量有毒成分，因此人员在逃离烟雾区时，要尽量弯腰或匍匐前进。这是楼梯间或走廊内没被火封锁时的基本逃生方法。逃离时脸部要靠近地面，呼吸新鲜空气，还要注意朝明亮处或外面空旷的地方移动，并尽量往下面楼层跑，因为火灾中烟雾主要向上蔓延，人是无论如何也跑不过烟的。如果楼梯被烧断或被烈火封闭，那么应当背向烟火方向离开并设法逃生。

最后，要学会阻止烟气进入房间。如果发现临近处已有火灾，又因通道被截断而难以逃出时，可以立即关闭与燃烧处相通的门窗，但不要上锁。条件允许的话，可以用浸水的纺织物品等堵住门窗的缝隙，以阻止或减少烟气的侵入。但是不论用哪种方法逃离烟雾侵害，都不要忘记捂住口鼻。阻挡烟害的最好用品是防烟面具，它能够抵御烟气的袭击。如果没有防烟面具，也可以用浸湿的口罩、手帕、毛巾、衣物等捂住口鼻，这样能起到一定的防烟作用。

小贴士

影剧院发生火灾后，在场的中小学生不要惊慌失措，要按照厅内应急指示灯所指引的方向选择离自己最近的疏散通道、安全出口进行撤离。位于楼上的学生观众，可以从疏散门由楼梯向外疏散。楼梯如果被烟雾阻隔，在火势不大时，可以从火中冲出去。此外，还可就地取材，利用窗帘等自制救生器材，开辟疏散通道。此外，中小学生在疏散的过程中还要注意听从影剧院工作人员的指挥，不要乱跑乱窜，以免影响疏散。

2.商场发生火灾应如何逃生？

安全故事会

鑫鑫是某中学初二年级的学生。上个周末，鑫鑫和同学去某商场买学习用品。商场里人很多，鑫鑫正在和同学挑选钢笔的时候，突然人群发生骚乱，有人高喊："着火了，快逃啊！"鑫鑫所在的楼层正好在一层，所以在听到这个消息后，鑫鑫并没有慌张，赶紧带着同学迅速向商场大门走去。大火是在三层着的，此时很多人拼命注下冲，鑫鑫看到大门口已经堵满了人，于是迅速从另一个安全出口离开了商场。出来后，鑫鑫赶紧用手机拨打了119报警。5分钟后，消防队赶到。经过消防队员的奋力抢救，大火终于被扑灭，但是仍有数人在这场火灾中受伤，造成直接经济损失达200多万元。后经调查，火灾原因是商场的仓库保管员在仓库内吸烟后未掐灭烟头，导致库内易燃物被烧着引起火灾。

安全博士讲堂

商场通常集购物、娱乐、餐饮等功能于一身，人流量很大。因此，做好商场的消防安全工作是极其重要的。但是，由于商场员工或顾客疏忽大意等原因，商场火灾事件时有发生。那么，在商场遭遇火灾时，应如何避险及逃生呢？

首先，利用疏散通道逃生。商场一般都设有室内楼梯、室外楼梯，有的还设有自动扶梯、消防电梯等，发生火灾后，尤其是在火灾初期阶段，这些都是逃生的良好通道。

其次，利用自制器材逃生。在商场遭遇火灾时，要充分利用可利用的逃生手段。如将毛巾、口罩、纺织品等浸湿后捂住口鼻；利用绳索、布匹、床单、地毯、窗帘来开辟逃生通道；利用各种机用皮带、消防水带、电缆线等来开辟逃生通道；穿戴商场经营的安全帽、摩托车头盔、工作服等。

再次，利用建筑物逃生。发生火灾时，如果以上两种方法都无法逃生，可利用落水管、房屋内外的突出部位、各种门窗以及建筑物的避雷网（线）进行逃生或转移到安全区域再寻找机会逃生。需要注意的是，在使用这种逃生方法时，既要大胆又要细心，特别是老、弱、病、残、妇、幼等人员，切不可盲目行事，以免造成意外伤亡事故。

最后，寻找避难处所逃生。商场内被困人员在无路可逃时应积极寻找避难处所，如到室外阳台、楼层平顶等待救援；选择火势、烟雾难以蔓延的房间，关好门窗，堵塞间隙。房间内如果有水源，要立刻将门、窗和各种可燃物浇湿，以阻止或减缓火势和烟雾的蔓延时间，并不断发出各种呼救信号，以引起救援人员的注意，帮助自己脱离困境。

小贴士

中小学生在商场遇到火灾时，要保持镇定。商场是公共场所，人流量大，一旦惊慌失措，很容易被堵在人流中丧失逃生机会。如果火势很大，烟雾开始弥漫，要记得拿湿毛巾掩住口鼻，匍匐在地前行，以避免在火灾中因缺氧致死。同时，中小学生在商场购物或娱乐时如果看到有人抽完烟后没有熄灭烟头并且随地乱丢的时候，要敢于劝解，或亲手掐灭以消除火灾隐患。

3.地下商场发生火灾应怎样逃生?

安全故事会

某个周末，15岁的李丽和妈妈去南京某地下商场购物。刚逛了不一会儿，就听到火警铃声大作，地下商场内顿时浓烟滚滚。李丽和妈妈与其他的顾客、商铺营业人员在商场管理员的紧急疏导下纷纷向外逃生，一时间大量人流涌向地面。由于发现及时，疏导有方，几百名被困人员迅速离开商场，脱离了危险。据了解，起火的原因为商场机房内一个正在维修的配电箱，因通风不畅，造成燃烧，产生浓烟无法排出，一时间现场浓烟滚滚。消防人员到达后，几分钟将其扑灭，火情没有造成人员伤亡和过多财产损失，过火面积仅1平方米。

安全博士讲堂

　　地下商场由于通道少且窄，周围密封，空气对流差，浓烟和高温不易散失，火灾扑灭较普通商场更为困难，因而一旦发生火灾人们往往会比其他地方发生火灾更为紧张，逃生心情也更为急迫。正是因为此，被困者往往由于失去冷静，以致不顾消防通道或安全出口的位置，盲目乱跑，致使失去了宝贵的逃生机会。那么，如果地下商场发生火灾，人们该如何逃生呢？

　　首先，被困人员要有逃生的意识。凡进入地下商场的人员，包括商铺的营业人员和顾客等，在进入地下商场时一定要对地下商场的设施和结构布局进行观察，记住疏散通道和安全出口的位置。

　　其次，较大的地下商场，一般都设有火灾自动报警和自动灭火系统。火灾发生后，能够在很短时间内启动自动报警、自动灭火和防排烟系统。因此，在火灾发生后，处在地下商场的人员应当保持冷静，不要惊慌失措，要首先立即配合工作人员关闭空调系统，停止送风，防止火势扩大。

　　再次，被困人员在撤离现场时，要辨清疏散方向，迅速朝疏散标志指引的方向撤离至安全出口。有的较大商场按照防火分区的要求在商场空间设有防火卷帘等防火隔物，但火灾发生后，防火卷帘下降时，留有供安全疏散的防火门，被困人员可以通过此防火门进入另一个防火分区内避难。

　　最后，被困人员在逃生时尽量采用低姿势前进，不要做深呼吸。可能的情况下用湿衣服或毛巾捂住口和鼻子，防止烟气进入呼吸道。此外，被困人员在逃生过程中要防止跌倒，特别是要设法扶持老人、小孩前进。如有人跌倒应立即扶起，防止因踩踏造成众多人员伤亡。

小贴士

　　中小学生如果在地下商场突遇火灾，首先一定要保持冷静，不要慌张，要按照商场内疏散标志指引的方向撤离。其次，在逃生时，应当尽可能用湿毛巾、手帕等物捂住鼻子和嘴，防止烟气吸入体内。若疏散通道被烟火封堵，要大声呼喊，向他人求助。

4.酒吧、歌舞厅等娱乐场所发生火灾该怎样逃生？

安全故事会

某日晚23时许，深圳市某俱乐部正在举行一场室内烟花晚会，由于打烟花偏到天花板引起火灾，浓烟迅速包围了整个舞厅，天花板炙热的火花也在不断地注下滴，火灾发生后，现场人员开始逃散，但大火将电线烧断引起停电，许多人被闷死闷晕。

安全博士讲堂

酒吧、歌舞厅等大型娱乐场所人员密集，一旦发生火灾，常常会因人员慌乱、拥挤而阻塞通道，发生互相踩踏的惨剧，或者由于逃生方法不当，造成人员伤亡。人们在酒吧、歌舞厅等娱乐场所突遇火灾时应注意以下几点：

首先，必须保持冷静。由于酒吧、歌舞厅、卡拉OK厅等一般都在晚上营业，并且进出顾客随意性大、密度很高，再加上灯光暗淡，失火时很容易造成人员拥挤，在混乱中发生挤伤踩伤事故。因此，只有保持清醒的头脑，明辨安全出口方向和采取一些紧急避难措施，才能掌握主动，在火场中顺利逃生。

其次，要积极寻找多种逃生方法。在发生火灾时，人们首先应该想到通过安全出口迅速逃生。需要提醒的是，由于大多数舞厅一般只有一个安全出口，在逃生的过程中，一旦人们蜂拥而出，极易造成安全出口的堵塞，使受困人员无法顺利通过而滞留火场。这时人们就要克服盲目从众心理，果断放弃从安全出口逃生的想法，如果在楼层底层的酒吧、歌舞厅、卡拉OK厅等处，可以直接从窗口跳出。而对于设在二层至三层的酒吧、歌舞厅、卡拉OK厅，可用手抓住窗台往下滑，以尽量缩小高度，要让双脚先着地。设在高层楼房中的酒吧、歌舞厅、卡拉OK厅等发生火灾时，首先应当选择疏散通道和疏散楼梯、屋顶和阳台逃生。一旦上述逃生之路被火焰和浓烟封住时，应该选择落水管道和窗户进行逃生。通过窗户逃生时，必须用窗帘或地毯等卷成长条，制成安全绳，用做滑绳自救，绝对不能急于跳楼，以免发生不必要的伤亡。

再次，要寻找避难场所。如果设在高层建筑中的酒吧、歌舞厅、卡拉OK厅等发生火灾，而且逃生通道被大火和浓烟堵截，而一时找不到辅助救生设施时，被困人员只能暂时逃向火势较轻的地方，向窗外发出求援信号，等待消防人员营救。

最后，要互相救助逃生。在酒吧、歌舞厅、卡拉OK厅等场所进行娱乐活动的青年人比较多，身体素质也比较好，在发生火灾后可以互相救助脱离火场，或者帮助长者逃生。

此外，被困人员在逃生过程中要防止烟气中毒。由于酒吧、歌舞厅、卡拉OK厅等四壁和顶部有大量的塑料、纤维等装饰物，一旦发生火灾，将会产生有毒气体。因此，被困人员在逃生过程中，应尽量避免大声呼喊，防止烟雾进口腔，对人体造成伤害。

小贴士

由于酒吧、歌舞厅等娱乐场所人员复杂，而中小学生生理、心理各个方面的发育尚不成熟，缺乏抵制各种诱惑的能力，在思想意识上很容易受到娱乐场所内一些不良社会风气的影响。因此，为了自己的身心健康，中小学生应自觉避免出入酒吧、歌舞厅等娱乐场所。

5.宾馆发生火灾应如何逃生？

安全故事会

　　某日凌晨1时许，湖南长沙某宾馆发生火灾。当地消防支队指挥中心接到报警后，迅速组织官兵赶到现场扑救，并及时疏散了宾馆内近50人。其中，有10余名房客通过相邻的居民楼顶层平台幸运逃生。凌晨1点40分左右，火势得到有效控制，2点10分火灾被完全扑灭。

　　此次火灾事故共造成6人死亡，另有8人被紧急送往医院救治，其中4名重危者经抢救无效死亡，其余人员无生命危险。火灾过火面积不大，因冬季门窗紧闭，死亡者大都系窒息身亡。

安全博士讲堂

　　出门在外，旅途中的交通、饮食安全问题当然备受人们关注，但是，旅途中的驿站住宿安全同样也应当引起人们的足够重视。据统计，全世界每年发生在宾馆内，一次性造成50人以上死亡的火灾有近400起，死亡人数达30000多人。这个数字是惊人的。然而，宾馆发生火灾后，火场逃生的可能性还是相当大的，下面就给大家介绍几种简单易行的宾馆火灾逃生方法：

　　首先，要熟悉宾馆的环境。住进宾馆之后，应当首先搞清楚宾馆的疏散通道、楼梯与你所住房间的方向，以及安全出口的位置，报警器、灭火器的位置等。

　　其次，一旦发现火灾，千万不能打开房门观望，因为火灾此时容易形成冷热空气对流，使烟火扑面而来。此时要迅速用水浸湿床单、毛巾等堵塞房门的空隙，防止烟气窜入房间，然后用湿毛巾等捂住口鼻逃生或等待救援。

再次，要想办法自救。现在很多宾馆，尤其是发达国家的宾馆客房内都备有自救缓降器和自救绳，在入住时应向服务员问明其放置的位置和使用方法，以便发生火灾后迅速逃生。同时，一般高层宾馆的自身消防硬件设施也比较完善，比如楼梯间都是防烟或封闭的而且距离所住的房间都不远，只要迅速进入楼梯间大都能活命。需要注意的是，一旦脱离险境切记不要因某种原因轻易重返火场。

最后，如果不是自己的房间起火，一般来讲自己的房间就是最好的避难地。只要不打开门窗让烟气窜入，大火要想烧穿客房门也需要一段时间。同时，宾馆内的公共厕所、电梯间、楼梯等，也是暂时避难的好去处。

此外，如果被浓烟烈火围困，切记不要惊慌，更不能盲目跳楼。一定要保持镇静，待在自己的房间，同时采用鲜艳的物品如床单等站在窗口挥动或喊话以吸引消防人员来救援。

小贴士

中小学生入住宾馆时应和父母或其他成年人同行，要特别注意消防安全。火灾发生后，要保持镇定，并认真听从宾馆人员的口头引导或广播引导，不要轻易离开父母身边盲目逃生。

6.医院发生火灾应如何逃生？

安全故事会

某日16时30分，辽宁省某医院配电室变压器突然爆炸起火，火势迅速蔓延，在随后大约十几分钟的时间里，整个"口"字形大楼便开始全面起火。由于医院没有及时有效组织患者疏散，火灾最终造成了39名患者死亡，182名患者受伤，医护人员11人受伤的惨重后果。其中，一位年仅24岁，刚刚大学毕业的年轻医生为救助患者被困火场，跳楼逃生时摔成高位截瘫。

安全博士讲堂

发生火灾时，人的生命安全会受到严重的威胁，而医院如果发生火灾，由于医患人员密集疏散逃生的困难会更大，因此要注意掌握逃生方法。具体而言，医院发生火灾时逃生的一些方法如下：

首先，医院应当按照本单位制定的紧急疏散预案对人员进行有组织的疏散。工作人员要引导帮助病人疏散逃生。病人必须尽快离开病房，千万不要寻找或贪恋财物，以免延误逃生时间。在火势不大时，可以把湿棉被、毯子披在身上，从火中冲出去。如果犹豫不决，待火势越烧越大，就会失去逃生的机会。

其次，如果开门时感觉房门烫手，切记不要开门，这时可用安全绳设法从窗口、阳台或其他出口逃走，医院已装有防盗窗的房间，应当在阳台或窗口防盗窗上留有安全出口，以备逃生。

再次，烟雾较大时，可以匍匐前进，将头部低垂，呼吸地面较清新的空气；或者用湿毛巾、湿布等捂住口鼻，沿着疏散指示标志弯腰前进。万一逃不出房间，应当把窗户打开，大声呼救，或者打电话叫别人救助；也可以用打手电筒、抛出小东西等方法发出求救信号。

此外，需要注意的是，被困人员在发生火灾不能躲在床铺下或橱柜里。撤离时千万不要乘坐电梯，以免被困火烧。

扩展阅读

每个人都在祈求平安。但天有不测风云，人有旦夕祸福。一旦火灾降临，在浓烟毒气和烈焰的包围下，不少人葬身火海，但也有人能够死里逃生幸免于难。"只有绝望的人，没有绝望的处境"，面对滚滚浓烟和熊熊烈焰，只要冷静机智地运用火场自救与逃生知识，就有极大可能拯救自己。因此，多掌握一些火场自救的要诀，就能临危不乱，遇难成祥。

第一诀：逃生预演，临危不乱。

中小学生对自己学习或居住所在的建筑物的结构及逃生路径要做到了然于胸，必要时学校可以集中组织中小学生进行应急逃生预演，使大家熟悉建筑物内的消防设施及自救逃生的方法。这样，火灾发生时，就不会觉得走投无路了。

第二诀：熟悉环境，暗记出口。

当中小学生处在陌生的环境时，为了自身安全，务必留心疏散通道、安全出口及楼梯方位等，以便关键时候能尽快逃离现场。就是说人在安全无事时，一定要居安思危，给自己预留一条通路。

第三诀：通道出口，畅通无阻。

楼梯、通道、安全出口等是火灾发生时最重要的逃生之路，因此应保证其畅通无阻，切不可堆放杂物或设闸上锁，以便紧急时能安全迅速地通过。

第四诀：扑灭小火，惠及他人。

当发生火灾时，如果发现火势并不大，尚未对人造成很大威胁，且周围有足够的消防器材，如灭火器、消防栓等，应尽力将小火控制、扑灭；千万不要惊慌失措地乱叫乱窜，置小火于不顾而酿成大灾。

第五诀：保持镇静，明辨方向，迅速撤离。

突遇火灾，面对浓烟和烈火，首先要让自己保持镇静，迅速判断危险地点和安全地点，决定逃生的办法和方向，尽快撤离险地。千万不要盲目地跟从人流，相互拥挤、乱冲乱窜。在撤离时要注意，要朝明亮处或外面空旷地方跑，并尽量往楼层下面跑。如果疏散通道已经被烟火封阻，此时应背向烟火方向离开，通过阳台、气窗、天台等往室外逃生。

第六诀：不入险地，不贪财物。

发生火灾，身处险境，应尽快撤离，不要因贪财或顾及贵重物品，而把逃生时间浪费在寻找、搬离贵重物品上。已经逃离险境的人员，一定不要重返险地，自投罗网。要知道，生命是最可贵的。

第七诀：简易防护，蒙鼻匍匐。

中小学生在逃生时若经过充满烟雾的路线，要防止烟雾中毒、预防窒息。为了防止火场浓烟呛入，可采用毛巾、口罩蒙住口鼻，匍匐撤离的办法。由于烟气较空气轻，一般会飘在空气的上部，因此贴近地面撤离是减少烟气吸入、滤去毒气的最佳方法。在穿过烟火封锁区，有条件的应佩戴防毒面具、头盔、阻燃隔热服等护具，如果没有这些护具，可向头部、身上浇冷水或用湿毛巾、湿棉被、湿毯子等将头、身裹好，再冲出去。

第八诀：善用通道，莫入电梯。

按规范标准设计建造的建筑物，都会有两条以上的逃生楼梯、通道或安全出口。中小学生在发生火灾时，要根据情况选择进入相对较为安全的楼梯通道。除可以利用楼梯外，还可以利用建筑物的阳台、窗台、对面屋顶等攀到周围的安全地点沿着落水管等建筑结构中凸出物滑下楼也可脱险。要切记，尽量不要进入电梯内。在高层建筑中，电梯的供电系统在火灾时随时都有可能会断电或者因热的作用电梯变形而使人被困在电梯内，同时由于电梯井犹如贯通的烟囱般直通各楼层，有毒的烟雾会直接威胁被困人员的生命。因此，在火灾逃生的时候，乘坐电梯是极其危险的。

第九诀：缓降逃生，滑绳自救。

高层、多层公共建筑内一般都设有高空缓降器或救生圈，被困人员可以通过这些设施安全地离开危险的楼层。如果没有这些专门设施，而安全通道又已被堵，救援人员不能及时赶到的情况下，被困人员可以迅速利用身边的绳索或床单、窗帘、衣服等自制简易救生绳，并用水打湿后从窗台或阳台沿绳缓滑到下面楼层或地面，安全逃生。

第十诀：避难场所，固守待援。

假如用手摸房门已感到烫手，此时一旦开门，火焰与浓烟势必一定会迎面扑来。这时候，可以采取创造避难场所、固守待援的办法。首先应关紧迎火的门窗，打开背火的门窗，用湿毛巾或湿布塞堵门缝或用水浸湿棉被蒙上门窗，然后不停地用水淋湿房间，防止烟火渗入，固守在房内，等待救援人员到来。

第十一诀：缓晃轻抛，寻求援助。

被烟火围困暂时无法逃离的人员，应尽量待在阳台、窗口等易于被人发现和能避免烟火近身的地方。在白天，可以向窗外晃动鲜艳衣物，或外抛轻型晃眼的东西；在晚上可以用手电筒不停地在窗口闪动或者敲击东西，及时发出有效的求救信号，以引起救援者的注意。

第十二诀：若火及身，切勿惊跑。

火场上的人如果发现身上着了火，千万不可惊跑或用手拍打。当身上衣服着火时，应赶紧设法脱掉衣服或就地打滚，压灭火苗；能及时跳入水中的要及时跳入水中，或让人向身上浇水就更有效了。

第十三诀：频发信号，虽损求生。

跳楼逃生，也是一个逃生办法，但是需要注意的是：只有在消防队员准备好救生气垫并指挥跳楼时或楼层不高（一般在四层以下）时，以及别无他法时才可以采取跳楼的方法。而且跳楼也要讲究技巧，跳楼时应尽量往救生气垫中部跳或选择有水池、软雨篷、草地等方向跳；如有可能，要尽量抱些棉被、沙发垫等松软物品或打开大雨伞跳下，以减缓冲击力。如果徒手跳楼一定要扒窗台或阳台使身体自然下垂跳下，以尽量降低垂直距离，落地前要双手抱紧头部身体弯曲卷成一团，以减少伤害。

问 题

在现实生活中你有没有亲身经历过火灾，如果有，那时的人们是怎样逃生的？逃生过程中有没有不妥的地方？

第五章　意外伤害事故的保险理赔

　　中小学生是意外伤害事故的高发群体，突如其来的意外事故常常给家庭和学校带来沉重的负担和不幸。据统计，近90%对儿童造成的伤害为事故性，即意外事故伤害，每年全球约有83万儿童死于此类伤害，每天近2300名。为此，伴随着人们的保险意识不断提高，为自己的孩子购买意外保险的家长也逐渐增多。而为转嫁学校在正常教育教学活动中因发生学生伤害事故而依法应承担的经济赔偿责任，不少学校也都鼓励和提倡中小学生购买意外伤害险，有条件的学校则根据自身财力及风险状况自行购买意外伤害校方责任保险。中小学生投保意外伤害事故险，有利于减轻学校或家庭在事故发生后的救助负担，对于维护正常的校园和家庭生活秩序具有重要的意义。总之，中小学生意外保险受到越来越多的关注，成为学校和学生家长们的必备之选。

1.什么是意外伤害？

安全博士讲堂

意外伤害由意外和伤害两个必要条件构成。其中伤害也称损伤，是指身体受到侵害的客观事实，它由致害物、侵害对象和侵害事实三个要素构成。意外是就被保险人的主观状态而言的，具体包括两点：其一，被保险人事先没有预见到伤害的发生，也即伤害的发生是被保险人事先所不能预见或无法预见的，或者是被保险人事先能够预见到的，但由于被保险人的疏忽而没有预见到；其二，伤害的发生违背被保险人的主观意愿。

意外伤害保险中所称的意外伤害具有外来性、突发性、非本意性、非疾病性四大特点：

（1）意外伤害的外来性，是指伤害的原因为被保险人自身之外的因素作用所致。比如机械性的碰撞、摔砸、打压以及咬伤、烫伤、烧伤、冻伤、电击、光辐射等因素所致的物理性损伤，及酸、碱、煤气、毒剂等因素所引致的化学性损伤。这些外来的因素，导致人体外表或内在留有损害迹象。

（2）意外伤害的突发性，是指人体受到猛烈而突然的侵袭所形成的伤害。伤害的原因与结果之间具有直接瞬间的关系。如交通事故中的撞车、天空坠落物体的砸压等引起的伤害、死亡是突发的，瞬间完成的。需要注意的是，长期在某种环境条件下工作造成的身体伤害，不属于意外伤害，如长期在恶劣环境下工作造成的职业病，与突发偶然形成身体的伤害是有区别的，前者不属于伤害保险的范围。

（3）意外伤害的非本意性，是指非当事人所能预见，非本人意愿的不可抗力事故所致的伤害，对于伤害的结果是意外，而原因非意外的伤害不能认定为意外伤害，如在高速公路上以超过限速标准的速度驾驶导致的身体伤害。对于这种完全可以预料的，也是完全可以防止的伤害，不属于意外伤害。

（4）意外伤害的非疾病性，是指损害的造成不是由被保人身体本身的因素或疾病引起的。如骨质疏松导致的病理性骨折，或肝炎病毒引起的暴发性肝炎均为疾病所致的伤害，不属于意外伤害。

小贴士

中小学生应当注意将日常生活中的伤害和意外伤害区别开来。要知道意外伤害具有不同于日常生活中的伤害的外来性、突发性、非本意性、非疾病性四大特点，而且，只有这四个特点同时具备时，该伤害才属于意外伤害。

2.什么是意外伤害保险？其基本内容是什么？

安全博士讲堂

意外伤害保险是指以意外伤害而致身亡或残疾为给付保险金条件的人身保险。意外伤害保险有三层含义：其一，必须有客观的意外事故发生，且事故原因是意外的、偶然的、不可预见的；其二，被保险人必须因客观事故造成人身死亡或残疾的结果；其三，意外事故的发生和被保险人遭受人身伤亡的结果，两者之间有着内在的、必然的联系。

意外伤害保险的基本内容为，投保人向保险人交纳一定的保险费，如果被保险人在保险期限内遭受意外伤害并以此为直接原因或近因，在自遭受意外伤害之日起的一定时期内造成死亡、残疾、支出医疗费或暂时丧失劳动能力，则保险人给付被保险人或其受益人一定量的保险金。

小贴士

需要注意的是，意外伤害保险是人身保险的一种，在该种保险类别下，保险公司给付保险金的条件仅为被保险人因意外伤害而致残或死亡，对于意外事故造成的除伤残或死亡以外的伤害结果保险公司是不予理赔的。

3.所有的意外伤害都可以投意外伤害保险吗？

安全博士讲堂

并非所有的意外伤害都可以到保险公司投保。根据意外伤害的可保风险，可以将意外伤害分为不可保意外伤害、特约保意外伤害和一般保意外伤害。

（1）不可保意外伤害。不可保意外伤害也可理解为意外伤害保险的除外责任，即从保险原理上讲，保险人不应该承保的意外伤害，如果承保，则违反法律的规定或违反社会公共利益。不可保意外伤害一般包括：被保险人在犯罪活动中所受的意外伤害；被保险人在寻衅殴斗中所受的意外伤害；被保险人在酒醉、吸食（或注射）毒品（如海洛因、鸦片、大麻、吗啡等麻醉剂、兴奋剂）后发生的意外伤害；由于被保险人自杀行为造成的伤害等。对于不可保意外伤害，在意外伤害保险条款中应明确列为除外责任。

（2）特约保意外伤害。特约保意外伤害，即从保险原理上讲不能承保，但保险人考虑到保险责任不易区分或限于承保能力，一般不予承保，只有经过投保人与保险人特别约定，有时还要另外加收保险费后才予承保的意外伤害。特约保意外伤害主要包括：被保险人在战争中遭受的意外伤害；被保险人在从事登山、跳伞、滑雪、赛车、拳击、江河漂流、摔跤等剧烈的体育活动或比赛中遭受的意外伤害；核辐射造成的意外伤害；医疗事故造成的意外伤害（如医生误诊、药剂师发错药品、检查时造成的损伤、手术切错部位等）。

（3）一般可保意外伤害。一般可保意外伤害，即在一般情况下可承保的意外伤害。除不可保意外伤害、特约保意外伤害以外，均属一般可保意外伤害。

小贴士

中小学生应注意，并非所有的意外伤害事故都可以到保险公司投保，一般情况下，对于被保险人因违反法律规定或违反社会公共利益的行为而导致的意外伤害事故，保险公司是不予理赔的，比如因酒后驾车导致发生交通事故致残的，保险公司不予理赔。还有，如登山、赛车等意外伤害只要与保险方进行特别约定才可承保的。

4.意外伤害事故保险的特点有哪些?

安全博士讲堂

（1）短期性：意外伤害保险是短期险；通常以一年期为多，也有几个月或更短的。如各种旅客意外伤害保险，保险期限为一次旅程；出差人员的平安保险，保险期限为一个周期；游泳者平安保险期限则更短，其保险期限只有一个场次。

（2）灵活性：人身意外伤害保险中，很多是经当事人双方签订协议书，保险金额也是经双方协商议定的（在不超过最高限额的前提下），保险责任范围也相对灵活。投保手续也十分简便，当场付费签名即生效，无须被保险人参加体检，只要有付费能力，一般的人都可以参加。

（3）保费低廉：意外伤害事故保险一般不具备储蓄功能，在保险期终止后，即使没有发生保险事故，保险公司也不退还保险费。所以一般保费较低，保障较高。

小贴士

意外伤害事故保险因其价格低、灵活性强、期间短等特点深得学校及学生家长的欢迎。中小学生在外出旅游或度假时，可以选择投保意外伤害保险，从而为自己的出行增加一份保障。

5.保险人在什么情况下承担保险责任？

安全博士讲堂

意外伤害保险的保险责任范围是指被保险人因意外伤害所致死亡和残疾事故，不负责疾病所致的死亡。只要被保险人遭受意外伤害的事件发生在保险期内，而且是自遭受意外伤害之日起的一定时期内（责任期限内，如90天、180天等）造成死亡残疾的后果，保险人就要承担保险责任，给付保险金。

（1）被保险人遭受了意外伤害。这就要求被保险人遭受意外伤害必须是客观发生的事实，而不是臆想或推测的，而且被保险人遭受意外伤害的客观事实必须发生在保险期限之内的条件。

（2）被保险人死亡或残疾。死亡是指机体生命活动和新陈代谢的终止。在法律上发生效力的死亡包括生理死亡，即已被证实的死亡和宣告死亡，即按照法律程序推定的死亡。残疾包括人体组织的永久性残缺（或称缺损）和人体器官正常机能的永久丧失。而且，保险人承担保险责任还要符合被保险人的死亡或残疾发生在责任期限之内。

责任期限是意外伤害保险和健康保险特有的概念，指自被保险人遭受意外伤害之日起的一定期限（如90天、180天、一年等）。

关于宣告死亡的情况，可以在意外伤害保险条款中订有失踪条款或在保险单上签注关于失踪的特别约定，规定被保险人确因意外伤害事故下落不明超过一定期限（如三个月、六个月等）时，视同被保险人死亡，保险人给付死亡保险金，但如果被保险人以后生还，受领保险金的人应把保险金返还给保险人。

（3）意外伤害是死亡或残疾的直接原因、近因或诱因。需要注意的是，当意外伤害是被保险人死亡、残疾的诱因时，保险人不是按照保险金额和被保险人的最终后果给付保险金，而是比照身体健康遭受这种意外伤害会造成何种后果给付保险金。

小贴士

中小学生在投意外伤害事故保险时，应当熟读意外伤害事故保险合同中的主要保险条款，了解保险公司承担保险责任和不承担保险责任的各种情形，以免在意外事故发生后发生纠纷并有效地维护自身的合法权益。

6.意外伤害事故
保险的给付方式有哪些?

安全博士讲堂

首先,意外伤害事故保险的给付方式有死亡保险金和残疾保险金两种。意外伤害保险属于定额给付性保险,当保险责任构成时,保险人应当按照保险合同中约定的保险金额给付死亡保险金或残疾保险金。死亡保险金的数额是保险合同中规定的,当被保险人死亡时保险公司应当如数支付。残疾保险金的数额由保险金额和残疾程度两个因素确定。残疾程度一般以百分率表示,残疾保险金数额的计算公式是:残疾保险金=保险金额×残疾程度百分率。

其次,需要注意的是,在意外伤害保险中,保险金额同时也是保险人给付保险金的最高限额,即保险人给付每一被保险人的死亡保险金、残疾保险金累计以不超过该被保险人的保险金额为限。

小贴士

中小学生在投保时需注意,意外伤害事故保险的给付方式只有死亡保险金和残疾保险金两种,而且两者的算法也不一样。此外,无论是死亡保险金还是残疾保险金,其金额都是以被保险人的保险金额为限。

相关链接

《中华人民共和国道路交通安全法》第七十六条
《机动车交通事故责任强制保险条例》第二十一条、第二十二条

7.轻微交通事故应如何理赔？

安全故事会

　　黄某，是北京某大学的在校学生，前些日子，黄某驾车时因刹车不及时与另一辆面包车发生追尾，交警现场认定黄某负全责，承担面包车损失1000元。凭借交警出具的交通事故处理单，黄某顺利获得保险理赔。而该校的李某恰巧也遇到类似的全责事故，由于事发后没有向交警部门和保险公司报案，而是选择"私了"解决，被保险公司拒赔。同样的事故，保险公司的赔付为什么截然相反呢？

安全博士讲堂

　　现实生活中，像李某这样的案例有很多。事故发生后，如果事故没有造成人身伤亡，造成的财产损失很小，有相当一部分事故的当事人会选择自行协商解决事故损失，而其中一些人以为只要发生损失，保险公司就会赔钱。其实不然，保险理赔要依据相关证明单据才会予以赔偿。以上案例中，由于李某选择"私了"途径解决，缺少交警部门的事故证明，所以得不到理赔。

　　那么，车辆行驶，磕磕碰碰在所难免，造成损失后如何才能获得保险公司的理赔呢？

　　发生交通事故，首先当事人应该判别事故是否适合快速处理，如果

事故责任明确，且无人员伤亡的轻微物损事故，那么可以在最短的时间内撤离现场。然后，向交警和车辆所在保险公司报案，事故双方在交警调解后，让交警开具该次事故相关证明。最后，凭借保险报案号码、保险单、驾驶证、事故相关证明到保险公司办理理赔。如果损失额度较大，则需要保险公司到车辆停留地进行定损查勘，然后依据相关的程序理赔。

小贴士

　　需要注意的是，适合快速处理的交通事故主要包括：追尾前车；倒车尾撞后车；溜车；不按规定开关车门；逆向行驶；闯单行道路禁行道路行驶；不按规定超车、会车；违反规定调头；违反交通信号指示；违反让行规定；撞固定物等且物损较轻微的事故。

8.学生投保意外伤害保险后心脏病复发死亡，保险公司要理赔吗？

安全故事会

2009年9月1日，某小学组织在校学生统一购买某财产保险股份有限公司的学生意外伤害保险。该校四年级学生李峰作为在校学生购买了该保险。保险公司签发了保险凭证，该凭证明确载明：学生、幼儿意外伤害保险金额10000元，保险期间自2009年9月1日零时起至2010年8月31日24时止。

2010年5月23日，李峰在体育课上打篮球时心脏病复发死亡。后来，李峰的家长记起李峰曾经投保过学生意外伤害保险，便向保险公司理赔。保险公司以李峰患有严重的先天性心脏病为由拒绝理赔。

安全博士讲堂

现在很多学校和学生家长都为学生投保意外伤害事故保险，但是，需要明确的是，意外伤害事故保险的保险责任是有限的，并不对学生发生的所有意外事故都承担赔偿责任。具体而言，在下列情形下，保险人不承担保险责任：

首先，因投保人、被保险人、受益人的故意行为导致被保险人死亡或伤残的，保险人不承担保险责任。

其次，因被保险人故意犯罪或拒捕、自杀、自残、殴斗、吸毒等所致的伤害事故，保险人不承担保险责任。

再次，因被保险人私自服用、注射药物所致死亡或伤残的，保险人不承担保险责任。

　　最后，由被保险人身体本身的因素或疾病造成死亡或伤残的，或者因被保险人长期在某种环境条件下工作最终导致死亡或伤残结果的，保险人也不承担保险责任。以上案例中，李峰因心脏病复发而导致死亡，这属于被保险人因身体本身的原因造成死亡的情形，因而保险公司不予理赔。

　　此外，需要注意的是，因战争、核辐射等不可抗力导致被保险人死亡或伤残的，保险人一般不承担保险责任，但投保人和被保险人有特别约定的除外。

小贴士

　　意外伤害事故保险中保险人的保险责任是十分有限的，中小学生应熟悉意外伤害事故保险的理赔范围，在投保时注意与其他类别保险相结合，以便在发生意外事故时获得最大程度的补偿。

9.学校必须要为在校学生投保意外伤害事故保险吗？

安全故事会

　　某小学一年级学生李强在体育课上打篮球时不小心造成左手骨折，司法鉴定为10级伤残，共花费16000元医药费。后来在事故的赔偿过程中，学校和学生家长就学校是否有义务为学生投保意外伤害事故保险产生了分歧。学生家长认为，学校必须为在校学生投保意外伤害事故保险，而学校则认为，学校鼓励学生投保意外伤害事故保险，但学校没有法津上的义务必须为学生投保意外伤害事故保险。以上两种说法，究竟哪一种正确呢？

安全博士讲堂

首先，根据现行法律的规定，学校没有法律上的义务为学生投保意外伤害事故保险，但为转嫁学校在正常教育教学活动中因发生学生伤害事故而依法应承担的经济赔偿责任，不少学校选择根据自身财力及风险状况自行购买意外伤害校方责任保险。这样的保险对学校来说非常有意义，大大缓解了学生家长与学校之间的矛盾。

其次，学校组织学生投保意外伤害保险要本着自愿的原则进行，不得强制学生投保。而且《学生伤害事故处理办法》第三十一条中规定，学校应当提倡学生自愿参加意外伤害保险，在尊重学生意愿的前提下，学校也可以为学生参加意外伤害保险创造便利条件，但是不得从中收取任何费用。由此可见，学校并无法律上的义务为中小学生投保意外伤害保险。

最后，每一次学生意外伤害事故的发生，对学生和学生家长来说都是一种伤害，而且会造成经济上的巨大压力。为规避和减少意外伤害事故给家庭带来的经济上的风险和压力，学生家长应主动给孩子投保意外伤害事故保险。

小贴士

所谓意外伤害保险毕竟只是一种补救措施和保障手段，不能包打天下，学校还应加强自身监管，切实保障学生安全，学生个人也应增强安全意识，将意外伤害事故的发生几率降到最低。

相关链接

《学生伤害事故处理办法》第三十一条

10.家长给孩子投保意外伤害保险时应注意哪些事项?

安全故事会

小宇的妈妈为6岁的小宇投保了某保险公司的意外伤害保险。她想当然地认为意外伤害保险就是承保所有的意外伤害,所以也没有对保险合同的内容认真阅读。某日,小宇在厨房玩耍时不小心将暖水瓶踢倒,脚被烫伤。小宇的妈妈于是向保险公司提出索赔。保险公司却以保险合同明确规定烫伤必须要达到伤残的程度才可以获得赔偿为由拒绝理赔。

安全博士讲堂

意外无处不在,尤其对于年幼的孩子来说,他们还不懂事,更容易发生意外。为此家长每天除了要应付繁忙的工作,还要时刻留意着孩子的安全。同时,由于意外伤害事故保险一旦在孩子不幸出了意外以后也能获得一定额度的赔偿。因此家长应该为孩子投保意外伤害保险。那么,在投保时应该注意什么呢?

首先,家长在给孩子投保意外伤害保险时要看清理赔项目。一般的意外伤害保险是不赔偿意外伤害导致的医疗费用的。即使家长在给孩子投保意外伤害保险时投保了附加意外伤害医疗保险,在办理意外医疗理赔时,也并不是拿着所有药费单据找保险公司就能全额报销的,比如床位费、进口药品等是否报销,各家保险公司的规定都不同。所以,家长在给孩子购买意外伤害保险和附加意外伤害医疗保险之前要弄清医疗费用能否报,如果能报,哪些费用可以报,哪些费用不能报,是全额报还是按照一定比例报，做到心中有数，也免得到时候与保险公司产生纠纷。

其次，家长在给孩子投保意外伤害保险时要看清保障范围。家长在为孩子购买意外伤害保险的时候要看清保障范围，不要认为只要买了意外险，孩子发生了意外就都有了保障。以上案例中，孩子不小心烫伤了，家长认为就可以获得理赔甚至获得全部保额的理赔，但是根据保险公司的相关条款，烫伤必须要达到一定程度才可以获得理赔，而理赔的多少要根据伤残的等级支付保险金。也就是说，理赔是有条件的，这一条件主要是保险条款中的"免责条款"。根据各家保险公司的相关条款，目前儿童意外伤害保险的保障范围以死亡和伤残为主，而有的只保死亡，但在险种名称上却有可能都称为意外保险。这一点家长在给孩子投保前应该看清条款后再决定。

最后，家长在给孩子投保意外伤害保险时要看清保额。根据我国《保险法》的相关规定，未成年子女基本不具有劳动能力，且没有工资收入，因此在确定未成年人的身故保额时，是按照一个人10年的基本生活标准确定的。多数地区的少儿身故保额不超过5万元。因此，家长在为孩子选择意外伤害保险时，应当注意身故保额的规定，超出保额部分是无效的。

小贴士

家长在给孩子投保意外伤害保险时一定要认真阅读保险合同中的相关条款，弄清所选购保险的理赔项目和保障范围，看不明白的地方要及时询问保险公司的工作人员，以免在发生伤害事故后与保险公司发生纠纷。

扩展阅读

意外伤害是指外来的、突发的、非本意的、非疾病的使身体受到伤害的客观事件。常见的学生意外伤害包括交通事故、跌落、摔倒、溺水、烫伤、中毒等。

2010年6月1日发布的《中国儿童福利政策报告》指出，儿童作为特殊弱势群体，面临着各种伤害的威胁，5～14岁儿童死亡案例中，超过60%是由伤害和事故造成的，中国青少年伤害事故每年发生率高达50%，全国每年约有4000万中小学生遭受各种意外伤害，这一情况不容忽视。按照教育部发布的《学生伤害事故处理办法》，学生伤害事故主要分为如下几类：

一类是学校应当依法承担相应责任的伤害事故，比如由于以下原因造成的学生伤害：学校的校舍、场地、其他公共设施有明显的不安全因素，学校的安全保卫、消防、设施设备管理等安全管理制度有明显疏漏，或者管理混乱，存在重大安全隐患而未及时采取措施等等。像广西倒墙事故和一连串的砍杀儿童事件，基本上都可以归为这一类。

第二类是学生或者未成年学生监护人由于过错造成的学生的伤害事故，比如学生行为具有危险性，学校、教师已经告诫和予以纠正，但学生不听劝阻、拒不改正的。

第三类是学校安排学生参加活动时，因提供场地、设备、交通工具、食品及其他消费与服务的经营者，或者学校以外的活动组织者的过错造成的学生伤害事故，有过错的当事人应当依法承担相应的责任。

还有一类事故是由于地震、雷击、台风、洪水等不可抗自然因素造成的，或者来自学校外部的突发性、偶发性侵害造成的，学校已经履行了相应职责，行为并无不当的，无法律责任。

事实说明，保险的作用在伤害事故发生后正逐步显现出来。专家指出，在保障学生人身安全方面，保险不应缺位，保险公司应该推动学校和家长提高保险意识，并提升相关的保险服务。那么，对于近期频发的校园伤害事件，保险进展得如何呢？

"南平血案"造成了8名小学生被捅死，5名小学生被捅伤的严重后果，令全国人民为之哀痛。事发后，保险公司在第一时间为5位买了保险的学生家长送去了理赔金。

广西博白县校园倒墙事故发生后，遇难学生家长一度陷入了赔偿"拉锯战"，目前每位学生的赔偿金额提高到了33万多元，其中21万元由保险公司赔付。

学生平安险（简称"学平险"）是目前少年儿童投保范围最广的一种保险，一般学生入学就由学校代收保费，被保险人只需交纳几十元的保费就可以获得包括意外伤害、意外伤害医疗以及住院医疗在内的多项保障。然而，由于学平险由学生自愿购买，在一些保险意识不强的地区，学平险的覆盖情况不容乐观。像广西倒墙事故所发生的学校大部分学生就没有购买学平险。

作为学生最基础的保障，不管是哪种意外伤害事故，学平险基本都能覆盖，这也成为了家长们的首选，但它同时也存在保额低、保障不充足的问题。因此，学生家长可以在给孩子购买学平险外，另外再为孩子购买意外伤害险，这样，万一发生了意外伤害，这两项保险都能进行赔付，有了这样两份保险保中小学生的意外伤害，基本就够用了。

问题

如果发生了意外伤害事故，你会选择协商、和解还是诉讼的方式解决纠纷？为什么？